너의 모습을 어디서부터 어디서까지인지
감안할 필요가 없었기에 더 환하게 놓칠 수 있던 거야

이야기는 없고 사랑만 남았네

박운

시산문

목차

서문 11

텍스트 0 - 208

서문

이 텍스트의 조각들은 그리 달갑지 않은 감정이 묻어 있을지도 모르겠습니다. 사과합니다. 사랑을 담으려다 다른 무언가가 더 많이 담겨버렸습니다. 뉘우치다 평소보다 조금은 더 빨리 다가온 저녁이 무척이나 초라해서 불행이라 느껴지고는 했습니다. 다만 이것도 사랑이라, 내내 미안합니다.

한 움큼 빛이 보입니다. 품에 담긴 헌 기억이 의지 없이 생략되어 갑니다. 이런 고백을 하지 않는 편이 더 나은 거라면, 아마 살아있다는 것을 모두 체념하는 일이 될 것만 같았습니다.

선택한 사랑과 선택하지 않은 사랑. 연인, 친구, 가족 혹은 이 단어들로 가둘 수 없는 관계마저 사랑해 내고 있을까요.

이 책에 빗대어 쓴 다수의 사랑이 그 어떤 형식에 담기더라도 쏜살같이 지나가는 감정의 편린 틈으로 충분히 받아내었으면 합니다.

사랑이라는 단어가 유독 많이 쓰였습니다. 이 사랑은 나와 타인에게 도달하려는 일종의 중얼거림입니다.

여러 번 더 쓰이다 초라해진 단어. 지나가듯 만들어진 서사.

페이지마다 깊게 눌러쓴 섬.

이것들이 오래도록 살펴지기를 바랍니다.

0

시를 쓰려하면 산문이 되고 산문을 쓰려하면 시가 되어버린다. 아마 규칙 없는 이 호흡이 누군가에게는 시가 누군가에게는 산문이 누군가에게는 텍스트가 누군가에게는 음식이 누군가에게는 술이 될 수도 있겠다.

외침이 된다면 바다로 보낼 것이고 중얼거림이 된다면 산으로 보낼 것이다. 사랑을 쓸 수도 있고 사람을 쓸 수도 있다. 희망을 쓸 수도 죽음을 쓸 수도 있다. 선정되지 못한 단어는 먼 미래의 별처럼 빛나고 있으며 이윽고 눈에 들어와 아름다운 문장이 될 수도 있다.

나의 영원은 한편에 있고 드물게 있다. 이 글들이 짙게 보내는 가벼운 진실이 되기를 바란다.

1

나는 나를 알기 위해 나를 해체했다. 분리된 조각은 눈물과 빛 그리고 젊음 또는 사랑으로 분류되고 이렇게 분류를 시도한 것조차 후회가 몰려와 다시 그 조각을 망각이라는 통에 버렸다. 그렇게 나는 나를 더 알 수 없게 되었다. 아마 처음부터 분류하지 않았더라도 나를 잘 몰랐을 것이다. 맹목적인 확신이 나를 더디게 만들었다.

이 진술은 끝 모르는 해방을 야기한다. 그렇게 될 수 없고 그렇게 바라기에 그렇게 향하는 것이다. 두 얼굴이라 믿던 문장은 또 다른 얼굴을 낳고 그 얼굴은 수천수만 개가 될 수 있다.

희망을 굳이 이식해야 하는 성질로 바꿔놓았다. 의문은 파묻히고 낱말은 눅눅해졌다. 너와 내가 일어날 때 그 사이로 흐르는 부위를 또 다른 새벽이라 부르고 싶었다.

이제는 수면의 의도를 잘 알고 있다. 해체되었던 나를 다시 찾지 않는다. 나의 그림자는 어디에 있을까. 밤의 껍질은 유독 짙다. 살짝 까놓은 그 틈새로 긴 문장이 은하수처럼 흐르고 있다.

2

나의 안식

그 안의 나를 비추는 사랑, 죽음이 사라지고 어둠이 정지하는

영원히 떠나지 않고 머무르리라. 한 줌의 이별마저 모두 훔쳐 갈 테니

유독 긴 단어처럼 보이던 그것을 품 안에 넣었다

낭비 없는 인사를 담아, 사랑을 전한다

나는 겨우 당신에게 왔다

3

계절이 바뀌는 소리가 난다. 그 소리는 밖에서 나는 걸까 내 안에서 나는 걸까.

문득 혼자 사는 게 일처럼 느껴진다. 버티고 견디는 일. 그러다 어딘가 닿으려 애쓰는 일.

헛도는 생각이야말로 진정한 생각이 된다면 더 조용히 말라갈 수 있을까? 아마 그럴지도.

밤사이 비워지는 사랑들. 마음을 달래러 가야지. 조금 더 자세히 가득해지도록.

어떤 계절도 충분하지 않아서 혼자 써보려 하지 않기를.

누군가에게 마침표처럼, 할 수 있는 다정을 모두 쥐여주기를.

4

유리에 놓인 얼룩을 본다.

잊은 높이에서 떨어지는 비. 아마 쉽게 떨어지는 이야기. 유일하게 투명한 슬픔이다.

환한 별을 그려볼 때 잔잔히 남아있길.

문득 밤이 그립다.

계절을 넘어가는 파도. 지나온 손의 바다.

빗소리에 마음이 놓인다.

바닥에 있을 리 없는 하늘. 구겨지는 삶의 숨.

살며시 손을 내밀어 비를 주워보고 싶다.

5

*

아스팔트를 바라보는 표정은 밑으로 뻗어갔다. 압축된 독백은 한숨이 되고 발은 녹아내렸다. 죽어가는 것이 되풀이되면 되돌아오는 것이 어려워졌다. 보이지 않는 표정의 껍데기. 늦은 시간이 자꾸 늦어졌다.

"이제는 여기가 어딘지 모르겠어."

기억을 심은 곳에서 불안이 자라난다. 나른한 낮잠도 없고 여유로운 식사도 없다. 필사적으로 부푸는 것들. 잘 지내는 일. 어느새 질문은 방문객 없이 찾아온다. 내가 나에게 묻는 책임 없는 입술. 같은 여름인 것을 분명 아는데, 전혀 다른 여름이 오고 있다.

어떤 사랑이 배어있는 느슨한 창. 불순물 한 점 없이 깃들어 있던 심장은 그 호흡을 마저 기억하고 있다. 여러 갈래로 흩어지는 석양이 나의 표정을 다독인다.

바닥에서 아지랑이가 피어오른다. 여름이 왔다.

6

애정은 숨 고르기가 필요하다. 나서는 이는 숨을 참을 줄 알아야 하고 나서지 않는 이는 숨을 뱉을 줄 알아야 한다.

슬픔은 담아두면 병이 되는 건 목격하기 쉬우나 절대적인 것은 아니다. 보내야 할 것을 보내다 보면 공허와 허공이 두 겹이 되는 것을 경험한다. 이것은 애정으로 인한 상실이다.

갈망으로 애정이 분리된다. 분리된 애정은 나를 갉아내 마음의 병을 키운다. 나는 명백히 빌려온 이야기가 된 채 헛수고라 생각했던 것을 그저 물끄러미 볼 수밖에 없다.

사랑의 뒷면은 축축했다.

*

나는 그 사람을 사랑하고 그 사람을 비추는 세계를 사랑한다.

도무지 멈출 수 없는 변속 없는 희망. 내가 풀어 놓은 빛을 누군가 사랑했고 그 사람은 나의 균열조차 빛으로 봐주었다. 고백으로 기억을 수놓는다.

이게 나의 사랑일까?

'촘촘히 사랑해'라는 말을 거듭 되뇌고 있다. 맞닿은 손 그리고 기억. 나의 이음새는 어느덧 빛이 가득했다.

7

내가 볼 수 있는 묽은 자정은 몇 개 없다. 여전히 거리는 아무것도 보이지 않고 정체를 알 수 없는 울음소리만 들려온다.

적막에 가까운 새벽을 사랑한다. 내가 숱하게 믿은 여백. 누군가가 나를 불러주기를 애타게 바라고 있다. 말할수록 뜻이 옅어지는 문장. 그것을 혼자 나눈다. 긴 어둠 속 파리한 중얼거림.

문장을 처음 만질 때가 생각난다. 마모된 눈알로 텍스트를 바라봤다. 소화가 잘되는 단어와 호흡을 멈추게 만드는 단어. 그사이에 나를 기워보니 어렵게만 느끼던 시간이 공기처럼 느껴진다. 이내 나를 일으켜 본다.

깊은 밤, 또다시 오는 두근거림. 악몽과 오래된 영화는 닮아있다. 불규칙한 무늬. 눈동자에 비친 얼룩이 분주하다. 일생과 함께 투신한 심장을 찾고 있다. 씻어내도 여백에 불과한 긴 하루를, 간단히 그리워할 수는 없으니. 실존하는 고요가 뚜렷해지고 있다.

마침내 마주한 것은 어느 한 외로움이었다.

8

안 쓰는 물건을 처분하기가 쉽지 않다. 누군가와의 추억이 따로 있는 것도 아닌데 그저 내 손을 떠나보내기가 쓸쓸하다. 물건은 감정이 되고 감정은 물건이 된다. 그것들은 각각의 자세로 존재하고 있다. 그리 유념한 것도 아닌데 말이다.

영원한 나의 기형을 마주한다. 풀려있는 것이 기억이었던가. 치장된 겹겹의 네온이 사라진다. 탄로 나는 검은색의 무늬. 분명히 새겨 놓았던 간단하지만 나갈 수 없는 미로.

나는 몇 개의 장르로 하루를 보내고 있을까. 미래로 건너가는 텅 빈 기록들. 녹아내린 적 없는 곳. 행복을 흉내 낸 그곳에 구멍이 난다. 그저 텅 비어있던 것.

문득, 내가 보잘것없어졌다.

결함에 의존했다. 그렇게도 위태로운 순간에 나는 또 주저하고 있었다.

9

"슬픔 다음은 뭘까? 절망?"

"슬프고 난 뒤에 오는 건 정적 혹은 고요야"

"이런 이야기 그만해"

너는 행복을 바라고 평생을 앓았다. 이게 병이 아니면 뭔데? 내면에 가득한 세월의 주름을 봐. 설명할 수 없었다. 곁눈질로 희망을 훔쳐본다. 언제쯤 품고 키워볼 수 있을까.

"나아질 기미가 보이지 않은 건 네 실수가 절대 아니야."

진심 어린 자기반성을 스스로가 호도해서는 안 된다. 사람의 소망은 구름 뒤에 따뜻한 햇살 같은 것. 반성의 본질은 구름을 바라보는 태도의 초점을 맞추는 것에 있다. 다리에 붙은 게 떨어질 리 없더라도. 기적이 평생 기웃거릴 테니까.

"비록 네 그림자조차 낯설더라도, 살아갔으면 좋겠어."

10

구름 한 점 없는 하늘을 본다. 심장은 두 개일 수 없을까. 요즘 이따금 심장이 아프다. 간헐적으로 혈액이 쏠린 듯 심장에 온 신경이 몰리는데, 호흡이 가빠지고 서 있는 게 고작이다. 통증의 요인을 찾으려 통증의 전후 상황과 평소 생활 습관을 떠올려 보아도 딱히 의심 가는 일이 없다. 이 증상은 이십 대 초반에 겪던 현상이다. 약 10년간은 없던 이 통증이 다시금 고개를 내미는 이유가 무엇일까. 내 심장이 두 개였다면 통증도 나눠서 받았을까.

언제 끝나지 않아도 이상하지 않을 시처럼 삶의 윤곽을 따라 서서히 시간을 보내고 있다. 떠오르는 의문을 죽여가며 살기도 하고 숙제처럼 남겨져 있는 감정의 실뭉치를 한 올씩 녹여보기도 했다. 언젠가 이 심장이 자연스레 뛰는 것을 멈출 때 아무 미련 없이 눈 감을 수 있기를.

여전히 시계는 초세는 것에 집중하고 손가락은 망연히 비밀을 적고 있다. 나는 들키기 싫지만 들키고 싶어서 지나간 시간에 이름을 지어둔다. 인용하는 순간부터 공간은 색을 띠고 그리움이 한없이 느슨해진다. 부여받은 절망을 지켜본다. 어디든 한걸음에 갈 수 없음에 슬퍼지고 어찌어찌 시간과 함께 가고 있다.

유독 '끝'으로 삶이 더 특별해진다.

11

시간이 불쑥 끼어든다. 너와 나는 소란을 나누어 마시고 한편으로 어둠을 내몬다. 빛의 의존하는 얼굴. 건조한 바람이 온몸을 감싼다. 거리의 취객을 힐난하며 중얼거린다. 어떤 목소리가 여러 번 겹친다. 슬픔의 향이 신경을 건든다.

원래 나는 어떤 사람이었지?

속도는 길들어질 일 없이 뇌를 관통한다. 이 공간은 회개로 가득하다. 아마 용서받지 못한 내가 서 있을 것이다. 벼랑을 떠올린다. 끝끝내 이해하지 못하기를.

너는 원래 그렇게 나를 달랬다

입가에 사랑이나 닦고 말해, 이상한 입술이야

정교하게 만든 고요처럼 너는 미소 짓고

겨울도 아닌데, 다정한 마침표가 눈처럼 내린다

나는 너를 들고 있고 너는 녹은 눈을 쥐고 있고

다시 제 모습으로는 돌아가지 못하는 것을 알고 있고

어느새 두 눈에는 시간이 줄줄 흐르고 있다

12

슬픔을 길어온다. 무력감의 반환점을 돌아보니 그새 사라지고 있는 어떤 것을 목격한다. 투명한 고난이 얼굴을 감싼다.

유령아, 아직 너는 주변에 있구나. 누더기를 균형 삼아 새로운 이름을 붙여주는 것. 너에게는 늘 긴 설명이 필요하다. 저 아래로 각주를 달아 놓을게.

영혼의 기포가 터진다.

되려 스스로 외롭지 않았다. 동시에 흩어지기를 바라는 것. 미처 손대지 못한 상처에 진심이 다녀간다고, 그렇게 믿고 있다.

사랑의 뿌리를 숨기다 무심코 종착했다. 외부의 찌그러진 고백. 오해의 빛줄기를 단 하나의 영혼과 교환할 가치가 있을까.

이윽고 영혼은 굳어버렸다.

13

네가 가진 그것은 춥니? 너에게 묻는다. 지금, 이 글을 보고 있는 너에게 묻는다. 눈가에 붙은 그것이 차가운 공기와 닿을 때 너는 더 뜨거워질 거야.

살기 위한 망각이 너를 흔들고 있다.

네가 사랑한 밤은 아직 웃고 있는데, 목 넘김은 짐이 되어간다. 너는 가본 적 있는 곳으로 되돌아간다. 고요히 증발하는 기억의 온기. 어쩌다 너는 억지로 씻어내게 되었나.

그러니 너는 한 번에 발음해야 한다.

방향 없는 이 새벽을 손에 쥐며 드물게 살아가는 네가. 언젠가 알 수 없는 축복에 찔려 전부를 쏟아내기를 소망한다.

14

억지로 희망을 뿌리는 건 그만할래. 기억을 토대로 훌륭한 엑스트라가 되기로 한다. 어떤 세상을 구축하기에 내게는 공포가 너무 많아. 수정할수록 탈진이 오고 수행할수록 표류하게 되는 일종의 헛됨. 커다란 한숨을 반복할 거야. 애써 만들어도 종이로 만든 집은 쉽게 젖고 무너질 테니까.

그럼에도 글쓰기를 멈추고 싶지는 않았다. 인생을 받치는 손. 초점 나간 또 다른 손. 드물게 보이는 삶의 근간이 요즘 따라 더 부끄러웠다.

언제까지 임의로 증명할 수 있을지. 고민하는 손가락을 부러뜨리는 상상을 했어. 가짜 손이 이렇게나 부드럽다니. 가려진 질문에 가려진 대답을 내놓고. 항상 그 자리에 있는 척. 잉크도 없는 빈 종이에 손끝을 올려놓았어. 무언가 밖으로 나간 기분 탓이야. 고작.

비명 없는 비명을 알고 있니?

15

혼돈이 가진 힘은 무엇일까. 흰머리가 자연스럽게 자라는 것처럼 잘 모른 채 무언가 피어난다. 그것을 알고 난 뒤부터 혼돈은 찾아온다. 당사자가 되어보고 방관자도 되어보고 여러 갈래의 선택을 잡기도 놓기도 하며 그에 잇따른 결과와 안중은 모두 쌓이게 된다. 관계는 의식과 무의식의 부산물이다. 그에 반응하는 차가운 시선으로부터 관계를 종결하고 무의식으로 변해간다. 그렇다면 혼돈은 영원할까? 고독한 사람과 고독해지려는 사람은 다른 모양으로 자연을 삼킨다. 미세한 계절의 움직임을 느낄 수 있다면 고독을 고정할 필요가 없다. 그렇기에 혼돈은 자연이 되고 고독이 되고 관계가 되며 사람이 된다. 영원히 고정된 입술은 존재하지 않는 것과 같다. 폐허가 되어버린 곳에서 소란스러운 움직임이 시작된다. 혼돈은 늘 아직도 힘을 주고 힘을 빼앗는다.

운명과 대립한다. 이 거스를 수 없는 인력. 떨어지는 낙엽은 두 번 떨어질 수 없다. 그렇기에 신중해야 한다. 마음은 종이처럼 구길 수 없지만, 구겨진 기분이 들 때가 있다. 멋쩍은 상실감이 느껴지면 한 뼘 더 뒤로 물러서야 한다. 편협한 생각이 나를 미치도록 무겁게 만든다. 불가능한 것 같지만 가능할 것도 같은 이 축축하고도 정밀한 것.

16

얼룩이 지워지지 않는다. 오랫동안 지우려 애써도 이 얼룩은 왜 지워지지 않는가.

나는 이 얼룩을 헤며 밤을 보냈다. 천장은 바닥이 되고 바닥은 하늘이 된다. 얼룩으로 가득한 반짝이는 별들. 가까이서 볼 수 없는 마음은 하늘과 같다. 빗소리와 별은 만날 수 없는 것처럼 분리될 수가 없다.

어느덧 기적의 사유를 덮는다.

가득한 빛의 울음이 얼룩과 함께 퍼지고 있으니.

17

옆에 아무도 없는 나의 모양을 거처에 둔다. 마침내 혼자가 된다면, 애써 혼자인 상태를 유지해 본다면. 아침을 깨워 몸을 일으키는 것. 마음의 얼룩이 나를 짓누른다. 다 지나갈 것이다. 전신에 걸어둔 둔탁한 그림자. 어떤 말을 남겨두는 것. 억지로 토해낸다. 눅눅한 편린. 나의 조각은 느리게 떨어진다. 발아래 치이는 물. 보이지 않고. 소리만 들린다. 매듭 없이 고여있는 해수면. 발은 세상과 유격 없이 한참을 벌어진다. 죽고 싶다. 염치없이. 사랑을 발음하고. 귓가에 붙은 말을 떼지 않았다. 나는 어디로 흘러갈 수나 있을까. 사라지는 법을 배우지 못해서 입술을 다물지 못하고 있다. 뒤늦은 고요가 눈가에 큰 멍을 새긴다. 생각은 단지 생각일 뿐인데, 많을수록 야위어 간다. 가느다란 삶. 비척거리는 생명이 긴 노크를 하고 있다.

18

어떤 위로를 건네야 네 마음이 조금은 나아질까? 부둥켜안을 수 없는 어깨. 그 상실한 공간을 걷어내 주고 싶어. 우리 영원해지지 말자. 적당히 밝고 적당히 슬프게. 문이 열리고 닫히고 책을 펼치고 덮고 긴 잠을 자다가 짧은 잠으로 끝나기로 하자. 영원의 기척이라도 느껴지면 무심코 절실해지니까. 무해한 나날을 되뇌고 완전한 과거를 기억해. 과거의 네가 적당히 타인이 되도록. 어떻게든 희망을 향해 달려갈 필요는 없잖아. 길을 잃어도 후회를 초조하게 뒤적거리지 말자. 정말 대답할 이유도 의무도 치워버리고. 어느 순간 잠잠해지는 긴 벽을 따라 조금은 지금보다 더 기쁠 수 있게. 네 슬픔이 많은 이유는 기뻐야 할 이유가 많기 때문이야.

19

사랑이 골절될 때마다 외로움은 귀속된다. 마음에 덕지덕지 붙은 기억이 자줏빛으로 물든다. 지금, 이 손바닥과 그 시절은 얼마나 닮아있던가. 사랑은 맺음이다. 맺음으로 시작되어 맺음으로 끝난다. 문득 사소한 순간들이 바늘이 되어 나를 찌른다. 아직 나의 어둠을 용서하지 못했다. 혀끝에 만져지는 말랑한 어둠이 목소리를 뒤덮는다. 머릿속에 미처 기록하지 못한 네가 점으로 존재했다. 고요하고 아름다운 단 하나의 점. 여기는 외로움을 자각하다 쓰러진 옅은 빛으로 가득하다.

20

진실은 온다. 저 멀리 있던 종말이 슬그머니 오더라도 너에게 온다. 눈가를 거친 손바닥으로 닦으며 이유를 설명한다. 아름다울 수 있는 깊은 이유를. 아무런 일이 일어나지 않아서 윤슬은 아름답다. 마음은 동요한다.

내가 흘린 빛을 바라봐 줄래?
아무런 말 없이도 너의 시선은 힘이 있어

나는 가진 것 없이, 의미도 없이 저 강에 띄워 보낸다. 오랫동안 휩쓸리는 곳에는 아무것도 돌아오지 않으니까.

네가 보낸 영혼의 깃이 유리 너머로 빛을 보내고 있다. 마치 어쩔 수 없는 진실처럼.

21

당신의 낯빛을 알아보고 두 손으로 빛을 넘겨주는 일. 사랑은 일렁이다가 쏟아진다. 오래된 음성이 고개를 떨군다. 나의 몫은 멀리 있는 걸 안다. 알고 있음에도 부단히 찾아보는 것. 하늘은 손에 쥔 지도를 접게 만든다.

휘어지는 빛.

물결처럼 보이는 감정이 분리되어 의미를 남긴다. 끝까지 부여잡는 당신의 형상. 당신은 내가 아닌데, 나는 당신이 아닌데 서로 겹쳐 보여서 나를 좀 더 연하게 만들기로 한다. 이편이 좋다. 무게가 없는데 느껴지는 것.

텅 빈 것 같다가도 넘쳐 흐르기에 나는 당신으로 곧이 물든다.

22

그렇지만, 갑자기 떠나기로 결심했다

오랫동안 걸어보고 생각을 정리했다. 어떤 일이 머릿속에 스쳐 갔다. 너는 아무것도 먹지도 마시지도 않고 하루를 보냈다. 멍하니 거리를 보다가 사진을 찍어 보고 살아 있음을 은근히 느껴갔다. 너는 아무에게도 말하지 않았다.

그곳에 비밀이 있었나?

빈 마음. 빌려온 미래로는 결코 끝나지 않은 이야기. 떠나는 뒷모습을 아름답게 봐주기를. 소매 끝에 달린 아주 작은 미련이 그 계절을 불러오고. 그래서인지 사랑할 수밖에 없던 그런 마음.

이 짧은 회상은 슬픔이 담겨 있고 모종의 약속도 담겨 있다

너는 떠났다
그리고 한사코 놓아둔 온기가 여전히 있었다

23

나는 이따금 미신을 믿는다.

미신에 기대어 하는 행동은 대체로 눈을 감고 은밀히 진행한다. 나약한 몸을 의탁한 채 내뱉는 기도. 눈꺼풀을 살며시 밀어내야 했다.

큰 줄기의 망각으로 들어간다. 가만히 있어도 삶은 어찌 잘 마무리되겠지. 생존한 당신의 그림자를 보고 다시 사랑에 빠지게 된다면, 그때 나에게 덮어준 이불이 살면서 가장 포근했다고 전해줄 텐데. 남김없이 사랑이 모두 끝이 나면 최대한의 무표정으로 버티고 있을 거야.

심장은 미신이 시키는 대로 잘 뛰고 있다.

불쾌한 하늘은 존재하지 않아, 만약 있다면 나만의 나의 하늘이겠지. 그러나 아무도 나를 기억하지 못하면 어떻게 하나. 당신은 나를 잊고 나도 당신을 잊고 나는 나를 잊으며 분명한 그럭저럭 사실들.

손대면 일그러지는 눈을 두고 다시 눈을 감아야 했다.

24

마음의 렌즈가 부식된 듯 풍경도 군중도 모두 사라지길 소망할 때가 있다.

늘 있다고 착각하게 되는 나의 어떤 곁. 그 곁을 다독이고 얽힌 가느다란 실을 모두 쓸어 내본다.

나의 안녕이 누군가에게 닿기를. 걱정도 불안도 순간마다 변화하기에 내게 오는 다른 곁을 두 손 뻗어 마중할 수가 없었음을.

돌보지 못했던 의미를 모아 어떤 질서를 창작할 수 있도록. 닦아본 마음의 렌즈에 희미한 상실감이 남아도. 저 멀리 선명해지는 이해를 이어받을 수 있기를.

차례대로 보낼게. 그리고 건너갈게. 언어의 처방이 쓸모 있다고 증명하면서.

25

일상을 일부러 덮는다. 편린은 내가 되고 나는 편린이 된다.
통증 그 자체가 되어 숨죽이며 타인의 눈치를 살핀다.

이름을 상실한 사람
천장에 심어 놓은 희망
해방 같은 것이 이마를 타고 흐른다

죽어가는 계절감
부디 안녕, 안녕
약속 없이 살래요

죽은 눈물이 너무 많아서
잠든 얼굴을 자꾸 쏟는다
내가 덮은 것은 안부였을까?

비밀이 많은 사람이 정말 싫어요

그치지 않는 빗속에서 계속 살고 있다. 왔다가 갈 생각이면 오지도 말기를. 이렇게 남겨 본다.

숨기던 일상과는 다른 헛된 이상을

26

각별히 고통을 덜어내려 했던 적이 있었을까, 아마 있다면 그때의 나는 무척이나 빈손이었을 테고 울음을 감추려 머리를 길렀을 테고, 하염없이 안개와 구름을 모았을 것이다. 게으른 용서가 따스하다. 입김이 닿지 않는 휴일. 마침내 덜 아프다고.

진실을 억지로 번역하면 거짓의 재료가 된다. 메모하는 가짜 비밀. 고통에 사로잡히는 애정에 취해서는 안 되니까. 덧붙여 둔 두 손. 맥없이 탈락하는 손끝.

휘어지는 고개는 여러 겹의 안녕이었다.

27

자기혐오는 눅눅한 위협이다. 내가 사는 집은 조명이 많은데 빛이 없다. 하나의 빛이 귀띔하며 나타나면 그 순간부터 번지는 것. 나에게 정확한 위치를 채근하며 다가온다.

아, 추운데 덥다

1년 전 주문한 빛이 이제야 왔다고. 마음의 방향은 몸에게 신세 진 채 이날을 기념했다. 물방울 같은 삶을 잘 유인해 냈다면서.

빛 끝에서 맴도는 그리움

겨울은 여름을 지나 겨울로 다시 태어난다. 알고 있는 사실은 여전히, 다 젖은 그런 위협. 오늘은 이쪽 조명을 켜두고.

같은 대답을 또 다르게 내뱉는다

28

몰입에 대해 말하고자 한다. 나의 몰입은 큰 갈래로 두 가지가 있다. 나 이외의 것들과 나에 대한 것. 나 이외의 것은 거의 하루 대부분을 차지한다. 상대방의 말을 경청하는 것과 내가 당장 직면한 상황에 맞게 몰입되는 것. 시나 그림 또 영화도 마찬가지다. 누군가의 생각을 나에게 대입하는 것보다 그 자체가 되어 보는 것. 대신 몰입과 가까워질수록 감정은 최대한 빼야 한다. 감정에 가까워질수록 내면의 파도는 부서지기 쉬우니까. 가까운 사람의 무거운 이야기를 들을 때는 더욱 조심히 몰입해야 한다. 그리고 나에 대한 것. 그것은 어두운 밤 하나의 별을 보는 것과 같다. 헤아릴수록 헤아려지지 않아서 나는 아무것도 없는 곳으로 물을 뜨러 간다. 그리고 그 모습의 그림자를 본다.

나는 어디서 왔고 어디로 가는가. 답은 간단하다. 어머니의 배에서 나왔고 어딘가로 가고 있다. 우리가 절대적으로 모르는 미래로 가고 있다. 그 미래는 이따금 몰입을 방해한다. 불안을 데려오고 내가 잘살고 있다는 증명을 요구한다. 심적으로 마비되고 수많은 결과를 상상한다. 앞으로도 모를 게 분명한 미래를. 신이 된 듯 통제하려 하고 실패함에 스스로를 저주한다. 생명력 앞에 쓰러지고 일어나는 간단한 필연도 물음을 통해 탓하곤 한다.

"나의 필연은 몰입하는 것, 그러니 중히 배열한 시간 속에서 유심히 선택을 갖기를 바라. 사랑하는 순간들을 위해서 말이야."

29

내가 부른 확신의 계절. 소중하게 여긴 단어는 달력에 남기고. 너와 나눈 대화의 결을 정돈한다. 살며시 다가오는 꿈과 변주되는 삶의 무게. 결정할 수 없는 일은 내버려두고. 구겨진 기억도 나름대로 잘 펴본다. 저 멀리서 오는 반향을 잘 담아두기로 하자. 애써 외면할수록 겁이 날 거야. 그렇다 한들 너를 구태여 잃지 않기를. 기적으로 치환되는 꿈. 경험할 수 없는 것들로 이어 붙이자. 누군가 나열하는 몇 가지 이야기에 속하지 않음을. 스스로 조립하는 미움이 영원히 짧아진다.

한 번도 신지 않은 글이 더는 우연하지 않았다.

30

잡히지 않는 안개. 사색의 응고제가 입 밖으로 흘러나온다. 감춘 애정이 무수한 것을 지워놓았다.

영원히 떠도는 대답. 대부분 제대로 닿지 않아서 유대의 감각은 소용없음을 깨닫게 해주었다.

저 앙상한 빛이 보여?

응, 아니. 유효한 빛. 그것이 보여

제대로 본 적 없는 빗방울이 얼굴에 스친다. 이슬이 안개를 깨우고 검은 장막을 알몸에 휘감는다.

영원, 그것을 본다

깊은 상실처럼 영원은 해결되지 않아

기획된 숨이 토막 난 영혼을 연결할 수 있을까?

버린 이유는 다시 주워내면 그만인데. 욱신거리는 질문도, 애정에 포개진 불안도 더없이 앙상하다.

31

변치 않는 계절이 있다. 지금은 상관이 없지만, 손바닥만 한 시야가 전부였던 그 계절. 글썽이는 희망과 짙게 내려오는 절망 사이를 내달리고 있었다.

그리움의 한계를 확인한다. 처절하게 혼돈을 꺼내오고 그 원료로 만든 식은 파도가 일렁인다. 결별의 시간은 정해진 때가 있던 절대적 구간이고 자각한 원인은 통제를 벗어난 어떠한 슬픔을 낳는다.

이 면적만큼 당신을, 놓쳤다

말 없는 영혼이 감정을 운반하면 이윽고
이중적 실체에 시간의 단면이 드러난다

곧이곧대로 곁을 지키던
발견된 미래가 일직선으로

삶은 그 순간 뒤집혔다

32

슬픔의 뿌리를 캐내었다. 사람을 서로 잇던 과정에서 이따금 비가 내리고 지반은 더 단단해진다. 그곳에는 아무도 점유할 수 없는 큰 웅덩이가 생겼다. 이 웅덩이는 나의 슬픔인가 당신의 슬픔인가.

이내 약점이 발견되고 번듯한 어둠으로 가려진다.

관계의 이유를 비추며 생성된 언어가 평온한 환상이 되기를.

늘 그런 것은 아니지만.

인생을 받아내고 있다, 인생을.

33

믿음을 어찌 저버릴 수 있을까. 빈약한 거짓은 나의 형체를 가볍게 만들고 내가 가진 일종의 '나'는 어딘가로 흐르게 된다. 몸 안으로 끝없이 번지는 부서짐이 일방적으로 느껴진다. 이내 또 다른 거부감에 휩싸인다. 이 믿음은 끊어낼수록 압도적이다.

결핍의 가장자리로 가서 진실을 떼어내어야 한다. 오랫동안 빌려 쓴 슬픔의 외투는 어깨를 강하게 짓누르니까. 축복의 중심에서는 살아남지 못할 감정. 사라진 의미를 덧칠한다.

빛나던 흔적은 어느 야경과 닮았어
이렇게나 속아도 고통을 믿는다

34

나는 옅어지고 당신은 희생을 끄적인다

그걸 보느라 할 말을 잊어버렸어

나는 당신이 없는 아무 곳으로 던져진다

온통 점이야
다시 선을 그렸고
손톱이 점점 자라면서 더 잊은 것

그러니까
당신은 내가 없는 아무 곳으로 사라졌다

35

내게 다가오는 이 불안이 더는 내 것이 아니기를 바랐다. 희미하게 아프고 싶다. 더는 살 용기가 없다는 거. 이 모습을 조금이라도 닮은 사람은 또 없기를 바라면서. 이미 충분히 밝아진 곳에서, 이렇게 헤매고 있다.

나는 길을 찾았어요. 더는 찾을 수 없는 이상한 고향이 그리워요.

오늘은 정말 내일이 오는 게 싫은데요.

어느 곁에서 폐허가 되어도 후회했으니까. 헛디딘 이름으로 살겠다. 의심하고 무심하고 쓸쓸하고 쌀쌀하고. 볕 좋은 길에서. 마치 추락하기 위해 태어난 것처럼 종일 기적을 새겨야 한다.

자살도 언어가 될까요?

36

반파된 서사가 애써 빛을 내고 있다.

37

나를 사랑해 주는 사람이 많다. 그러니.

깨진 마음 사이로 당신이 울고 있다면 당신에게 줄 무언가를 빚어내고.

고요한 봄. 하나씩 엮어 슬픔을 보내고.

그리고 일어나서 당신들에게 사랑을 낭비하러 가야겠다.

38

다정함을 유지한다는 건 큰 슬픔이 동반되는 일이야.

침묵으로 시작해서 어떤 알갱이가 되는 단어들. 강요 없는 관계에서 끝없이 발견되는 축복을 위하여.

있지, 나는 네가 어떻게 되는 것이 무척이나 두려워.

반복은 쉽고도 어렵다. 나의 거울은 무덤이 된 지 오래다. 규칙은 오로지 반성을 위해 존재했던 것. 의식적인 다정은 푹 꺼져버린 나를 파생시킨다. 어쩌면 영 통하지 않은 비명을 지르고 있던 건지도 모르겠다.

슬픔으로 너를 축복해. 방향 없는 말은 주변을 맴돌다 발자국을 남기고 간다.

거울에 의미를 반복해 던지는 사소한 중얼거림. 그 목소리에는 절실한 다정함이, 부족한 슬픔이 뒤섞여 존재했다. 반복을 주관하는 여러 개의 실이 몸을 일으킨다.

나는 약속 장소로 나가고 있다.

더 나은 곳으로.

39

언어는 감정을 담아본다. 재차 분해되는 시간 그리고 정리.

슬픔과 언어와 사람과 죽음은 별개로 태어나 누구를 몰살하듯 한 번에 찾아오는가.

40

나는 지켜내야 한다
나의 괜찮음을

어느 순간부터 아름다운 문장을 쓰기가 어렵다. 내 안의 아름다움이 사라진 것만 같다. 정의할 수 없는 기준은 정수리부터 발바닥까지 휘감겨 있다. 따라가고 싶던 기쁨이 모두 빨려 나간 것처럼. 나의 사랑은 어디서부터 어디까지일까. 재단하고 싶지 않은 의미. 또 다른 의미. 아무도 모르게 나를 사랑하고 싶다. 나는 내가 이전에 삼켜둔 사랑 혹은 작은 숨. 떠들지 못하고 소리 없이 비명을 지르는 이 민낯.

이내 가라앉는 빛이 아름답다

41

고백하려고 보면 실종되는 입술이 나를 부끄럽게 만든다. 연쇄적으로 가동되는 무한하지 못한 것들. 무수한 눈빛은 시작점에 얼어붙어 있다. 나는 나를 알아보지 못할 때가 많다. 나를 대변할 수 있는 향도 온기도 단어도 존재하지 않아서, 상상을 떠먹고 있다. 상상을 기억해 내고 있다.

포옹으로 가두어 놓았다. 그때 그 체온을 아무리 떠올려 보아도 여러 차례 가라앉고 만다. 사라짐을 알고 있는 온기. 물속이든 이불 속에든 그곳이 일종의 거처가 되기를.

별의 울음. 들리지도 않는 보이지도 않는 유령. 순순히 환상을 탐색해 본다. 벗겨지는 얼굴로는 더는 함께 저항할 수 없을 것 같다고. 나는 포개어 둔 당신들을 떠올리지 않게 젖은 얼굴을 뿌리 끝까지 닦아내야 한다.

고백으로 얼어붙은 결심. 서서히 비치는 낡아버린 눈동자. 이별 없이 이 별의 공동체가 되기를 희망한다.

42

온몸으로 습기가 느껴진다. 잘살아 보려는 맺음이 선명한 꿈에 순식간에 망가지기도 한다. 나는 무엇을 기다리고 있지? 그리움도 한계가 있을까. 빗소리가 고막을 통과한다. 새로운 중심을 들여와도 언제고 나는 부끄럽다. 아무리 점유해도 이탈하는 희망. 도저히 아름다울 수 없는.

여러 개의 죽음으로부터 신호를 받아도 전혀 대응하지 못했다. 이토록 부서지기 쉬운 생명이라. 아무도 존재하지 않는 곳으로 역행한다. 반대되는 힘으로 거침없이 거스르는 생명. 무릇 탄생을 재촉할지도 모른다.

아름다운 현실은 그리 멀지 않게 공중에 떠 있다.

43

너는 꽃이 어울리고
가본 적 없는 해변
그곳에 놓이고
엇갈린 세상은 다정하게 늙을 수 있을까

너는 비밀을 두르고
투명한 이름으로
담담히 사랑하고
어쩌면 오랫동안 살지도 모르겠습니다

잠시 돌아보고 되풀이하는 결말

어린 별들이 어둠 속에서 중얼거린다

44

이따금 전부를 털어놓을 때가 있다. 영원히 푸를 것 같던 계절이 지나고. 표정이 창백해질까 봐 부서지는 것들로 대가를 치러야 했다. 빛 조각, 심장의 태동. 일부러 존재하는 모든 것이 엉켜있다.

가까스로 안심했다. 마지막 빛을 머리에 얹는다. 진실에 가장 가까운 거짓말. 각진 기적에 하나둘 찔려 구멍이 나고 뱃속에 담아둔 목소리를 금세 잃어버렸다. 살아서 보자는 너의 말에 나는 더 이상 줄 것이 없었다.

그 이상이 있을까?

알아볼 수 없는 얼굴
너의 몫은 내가 뒤적이던 심장
묵묵히 산란한 너의 맥박

지속된 침묵에 또다시 일상을 씌워두기로 했다.

45

벽에 부딪힌다. 정지와 정직을 구별하지 못한 순간이 온다. 생명과 생각을 직선으로 버리고 싶다. 무언가 내게 닿았다고 느낄 때 가장 난처해진다. 물리적인 장애물보다 머릿속의 장애물이 더 그렇다. 서사를 손에 쥐고 구원을 모색해야 한다.

검게 칠해진다. 스스로 나는 검게 칠해진다. 한 구역에 정체되지 않도록. 잊음은 되풀이된다. 울렁거린다. 감정이 얼굴을 점령하지 않도록. 기울어져서 금방이라도 뭉쳐질 것 같은 이 기분을 해독해야 한다. 스스로 해독해야 한다. 그러나 벽에 대한 갈증이 온다.

못다 핀, 흰, 구태여, 빛, 기꺼이, 반증, 반, 속도, 밑으로.

우거진 벽이 나를 환한 새벽으로 데려가기를.

46

말의 형체를 찾는다. 눈빛으로 펼치는 부연 설명. 빈틈없이 지나가는 계절은 늘 흔적이 남고 오늘도 동시적으로 사람들은 살아간다. 내게서 훔쳐보는 작은 소란. 빗금으로 그어둔 기척의 쓸모. 그 속에 초석의 기운을 담아본다.

전달한다. 그리고 초대받지 못한다. 모순적인 고유의 것들. 긴 터널을 아직 통과하고 있다.

나직이 오는 말. 어렵사리 뱉어도 검열되는 그런 삶의 줄기가 이토록 선명한데, 나는 이렇게나마 기억을 해내고. 적지 못한 말의 영혼을 바삐 따라가고 있다.

47

"망각 뒤에 숨지 말아줘"

"내 유일한 유산은 망각이야"

말 뒤에는 늘 잘려 나간 무언가 있었다

보이지 않는 시간의 뒷면으로

빛처럼 산란하는 언어의 품

곧이곧대로 겹치고 위태롭게 잊힌다

안아주길 바라는 마음
서로 흐르기 싫어서 박제된다

"너는 다정한 흉터야"

언제라도 보고 싶어지는 그런

"여백을 듬뿍 담아 토닥일게"

48

소유할 수 없는 불안보다 먼저 존재하는 것. 환상이라는 이름의 상상력 조각. 그것은 점진적으로 소멸하다가 일정한 수준에 도달하면 윤곽도 없이 사라진다. 마치 꿈처럼. 되묻는다. 억지로 조립된 증거를 내밀어 주장한다. 내 것이던 불안을 가져갈 수 있겠냐고.

삶의 물결 위로 비치는 모습을 담는다

눈에 담고
거울에 담는다

멎어버린 표현을 기억해?

보이지 않는 경계를 알고 있다. 알 수록 여실히 아름다운 흔적. 어떤 말소리도 실패로 예정된 적 없이 모호하게 드러난다.

어쩌면 평온했을까 싶은

49

언젠가 무해하고 건강한 삶이 내게로 도착하기를 바란다. 걱정은 소리를 내며 나를 구석으로 몰고. 그 탓에 정작 살기로 마음먹은 것이 척이 되어버린다. 삶 한가운데를 지나가도 존재는 여전히 이해받지 못했으니까.

구원은 없다던 그의 말에 나는 기적도 없겠느냐고 반문했다. 그는 기적은 분명히 존재했고 덧붙여 구원은 없다고 한 번 더 강조했다. 기적을 믿기로 한다.

감각에 둔화한 채 흘리는 눈물. 내던지던 세월을 다시 움켜쥐고 싶다. 잊지 않고 거울을 봐야 한다. 거기에 또 다른 세계가 일렁이니까. 구원받거나 할 필요 없는 비극적 생명. 운명에 욕심내보는 기적이 일어날 테니.

50

그의 아이스크림이 녹는다. 담배를 피고 미지근한 물 한 잔을 먹는다. 테이블 위에 단일하게 놓여있는 컵 아이스크림. 알 수 없는 슬픔. 낯선 증상. 그는 아이스크림처럼 녹는다. 한층 더 길고 깊게 기억하려 한다.

방 한가운데는 불안을 키운다. 어디 있는지 모르는 기분. 집에서 또 잃고 모르고 슬픔도 기쁨도 모두 가장자리로 밀어내야 한다. 어쩌다 방향을 잃었나? 모자란 기억을 맞춰보며 그곳에 머무는 건 유독 나를 지치게 만든다.

선명하지 못한 대답을 더듬어 본다. 흐릿하게 건조된 과거를 공수해 옴으로 왜곡을 죽여보려 마음먹는다. 존재 이유를 달래본다.

창밖 얼추 녹은 눈이 꼭 죽은 것만 같다. 길어지는 액체가 눈물이 될 수는 없고 계절이 상할 리는 없으니까. 그는 컵 아이스크림을 치웠다.

51

내가 사는 계절은 보랏빛 갈증이 만연하다. 바람이 불어 추억이 쓰러지면 일순간 무채색으로 변해버리고 좋은 기회마저 함께 날아가게 했다. 체념의 호흡. 그만큼 아름답게 남기를. 실현 없이 흩어지는 새카만 신념들. 나는 그리워한다.

손바닥을 본다. 절실한 먼짓덩어리. 사실 없이는 완벽해질 수가 없다. 멈추지 않는 통증. 비극은 삽시간에 퍼지고 있다. 마음은 생각 뒤편에서 눈동자를 꺼내고 있다. 여태껏 흘린 눈물에 이름이라도 지어주고 싶다.

52

해방을 건드린다.

늘 부족한 서막. 곁눈질로 주위를 살핀다. 거리에서 발생하는 아름다움. 아직 오지 않아서 흐릿해진다. 그리워하는 마음의 결과. 그저 소망의 실루엣을 바라보고 있다.

불행 속에 사는 것만큼 희망이 가득한 일은 없다고.

무언가 놓치는 기분이 들면 비밀이 영구적으로 늘어난다. 한심할수록 겹겹이 쌓이는 꿈.

삶, 그릴 수 없는 삶. 저녁이 영원해지길 바라는 삶. 거짓말을 의식하는 만큼만 시간을 의식해도 좋으련만. 진실한 공간에서 거짓의 초를 세고 있다. 붙잡을 수 없는 흐름 혹은 불안. 기척에 꼭 들어맞는 마음은 아름답게 개입된다. 따뜻함을 느낄 수 있는 계절이 오고 있다고 속삭이면서.

우연히 영혼은 해방되었다. 자취를 감추듯. 환영은 더 아름답게 배치되었다.

53

나에게 주어진 시간은 짧고도 길다. 숨 고르기에 할애하는 시간. 기둥이 되어보고 옥상이 되어보는 것. 하늘은 닿을 수 없고 바닥은 여전히 삐걱거린다. 결론은 언제나 설명이 필요했고 작은 구멍일수록 이야기를 담아보고 싶었다.

약속은 손가락을 맞대는 것. 순서 없는 내용이 안개처럼 가득하다. 할 수 있다는 마음은 미뤄지고 미뤄지고. 상상이 어두워지는 게 아직도 두렵다. 맞닿은 모든 것이 사라질 거 같은 기분. 나는 입을 다물고 오지 않을 문장을 기다린다.

떠올려야 해. 간단하게 사라지는 푸른 안개들. 손길이 닿을수록 기억의 일면을 구분해야만 해.

안심하자. 쉽사리 따라가지 않았으니. 지금의 너는 그리고 나는 중심으로 저물고 있으니까.

54

시력이 옅어질수록 본연의 마음이 짙어진다. 보아야 할 것에 집중해 보고 고요한 호수로 영혼을 밀어 넣는다.

구름이 되고 싶었다. 누군가의 지친 호흡. 걱정이 새어나지 않게 꽉 막아야 한다. 버틸 때 오는 질문은 담을 넘지 못한다. 부서진 답의 명분이 된다.

영혼의 이유가 자라난다. 말라버린 시간 그 부스러기. 조금 더 멀어지고 미래를 준비 중이다.

저 너머를 더 이상 보지 않기 위해서
진실이 더욱 진실이 되기 위해서

출구에 둘러싸인다
바깥에서 머무는 증거가 더는 보이지 않았다

55

새 계절이 나를 덮는다.

56

선물해 주고 싶었어.

행복으로 가득해서 잊히지 않는 기억, 그만큼 자연스럽게 밝은 빛을.

그런 빛이 되고 싶었어.

말을 줄여가며 서로의 곁을 지켜주고. 위대한 일 없이도 위대해질 수 있는 길. 그런 길을 함께, 우리가 함께 살아가는 것. 사랑을 지속한다는 그런 것.

보이지 않게 엉켜있었다. 끝내 우리는.

당신은 잘 건너가고 있을까? 한 사람을 보내는 것은 다시 스스로 낯설어지는 과정을 경유해야 했다. 사랑은 건너가면서 잠시 미뤄둘 수가 없으니까.

오래 외워본다. 기억할수록 다독이며 천천히 외워본다.

함께 나누던 시간의 질감.
풍경을 밀치고 들어오는 당신의 밝음.

그 무엇도 잃고 싶지 않아, 애써 잊을수록 잔인해지는 봄.

봄인 채로 멈춰버린 우리의 시간을 그저 조금 더 지켜보기로 한다.

57

슬픈 이유로 쓰러지는 감각. 실제로 쓰러진 건 아무것도 없었다.

여러 차례 흐릿한 기분을 느낀다. 목적이 상실된 채 발걸음을 떼고 있다. 교차하는 낮의 그림자. 꼭 이면은 아래에서 발견된다.

이따금 과거의 내가 그립다. 그리고 싶다. 지금, 이 순간에 거는 기대. 몇 가닥의 빛이 아른거린다. 사라지는 손길. 나는 내가 미덥지 않다. 주렁주렁 달린 사유가 바닥으로 나를 이끌고 있다.

단단한 소음이 안에 있다. 늘 기웃거리던 곳. 집어낼 때 바스러지는 작은 마음. 그렇게 생긴 곳.

나는 나와 관련된 기억을 조작해 더욱 작게 그리고 보이지 않게 망가뜨리고 있었나.

작아질 대로 작아지는 빛.

희미하지만, 이면은 폭죽처럼 멀리 흩어진다.

58

서두르지 않게 마음의 결을 재단한다. 모아둔 결심을 헤아려 본다. 그리움이 활짝 피어날 정도로 잠을 자지 못했다. 결국은 뜯어내지 못한 작은 얼룩들.

두둥실 떠내려간다. 살며시 온몸을 띄워본다. 닦지 못한 문장이 떨어져 나간다.

여름에 하는 겨울 생각. 환상이 피어난다. 봄에 담긴 꽃향기처럼 서서히 퍼진다. 겨울 공기. 따뜻함이 소중해지는 간절한 계절. 쌓이는 새하얀 눈. 쉽게 남겨지는 발자국.

풀어질수록 아득해진다. 필요 이상의 사랑. 환상으로 모두 담아내던. 지금도 내 옆에 있는.

소중한 문장을 눈으로 잡아내며, 다음 장면을 약속하며, 네가 쥐여준 문장을 간직할게.

59

방향 없이 앉아 있었다. 죽음이 가까워진다는 것. 얕은 슬픔에 한동안 부끄러웠다.

수척한 빛. 몸과 마음으로 간곡히 빌었다. 죽음으로부터 조금이나마 멀어지게 해달라고.

자연히 죽어가는 것과는 별개로 어떻게 죽어갈지에 대해서 욕심이 생겼다.

영구적으로 생명은 빛날 수 없으니. 생은 짧고 기억은 길어질 뿐이다. 살아생전의 스케치. 몇 번이나 더 중얼거릴 수 있음에 감사하다.

아름답지 못한 새벽녘도. 시계추에 달린 추억도. 번역되지 못한 누군가의 유언. 모종의 사유로 느려지는 노랫말. 어떠한 제목도 잘 드리워지는.

마지막 작별은 예측 없이 찾아올 테니까.

60

아른거리는 빛의 다발. '사랑'은 실패하지 않았다.

휴지기. 완전히 혼자가 되기란 어렵다.

치열하게 나의 포장을 뜯고. 또 뜯으며. 목소리를 욱여넣었다. 애써 중심을 지우는 일.

버리는 법을 잊어간다. 세상은 어떻게든 돌아가고. 어지러움에 설명을 붙여보고.

나는 뜯어지기 쉬운 기억을 사랑했었다.

61

입 안이 말썽이다. 위아래 양쪽 다 염증이 났고 관절도 망가진 것처럼 아프기 시작했다. 왜 좋지 않은 일은 한꺼번에 일어날까.

사랑에 실패했다. 자존감이 무척이나 낮아졌고 티끌만큼 아무런 칭찬이 필요했다. 사랑은 왜 늘 실패하며 보이지 않게 실존하는가.

사랑은 온전히 나를 통해 생기고 나를 통해 사라진다.

*

텅 비었다. 어쩌면 꽉 차 있어 본 적이 없는. 부서진 마음은 파편이 되어 작은 틈으로 새어 나갔다.

무단으로 살펴본 마음 구석에 새카만 운석이 고요히 자리 잡고 있다.

그저 그런 문장으로 나를 설명할 수 있다. 별 볼 일 없는 사람.

내가 이리도 고된 건. 첫 장에 붙여 놓은 나의 엄지와 검지가 돌아오지 않는다. 단지 그래서다. 시간이 붙은 페이지는 잡아낼 수 없으니.

*

떠나간다면 온종일 떠나가기를.

마음에 붙인 것들을 담아 영원히 사라지기를.

62

날아가는 새의 뒷면을 지켜본다. 이번 여름은 그만두는 일과 보내는 일이 많구나. 도장 찍듯 어김없이 찾아오는 불안. 할 수 없는 것을 지켜본다. 극에 달하는 수많은 결정. 좀처럼 맞닿아 떨어지는 것이 없다. 날이 갈수록 심해지는 소음. 이토록 거덜이 난 애틋함을 언제쯤 채워 넣을 수 있을까.

내게 다시 태어날 허상을 보여준다.

나에게 안녕을 말하는 것들. 공존하는 무더기의 얼룩이 숨을 고르지 못하게 한다. 어렵사리 다가오는 것들. 함께하고 싶은 마음이 먼 미래의 목을 조른다. 곁은 여름처럼 숨이 막히는 곳. 그동안 해결하지 못한 결점. 그리고 자책의 방점을 찍는다. 밤에 담아둔 고통이 수명이 다한 별이 되어 터진다.

여름의 파편은 숨길 수 없이 퍼지고 잡을 수 없이 날아가는구나.

63

할 말의 끈을 놓친다.

어쩌다 느낀다. 나도 눈물겹게 사랑받았던 것을.

망신을 살을 뜯어낸다. 작은 요람에 가둔 거대한 빛을 아직 꺼내지 않았다고.

나를 넘보는 목소리의 중얼거림. 절대적으로 모르는 것에 짓눌림. 정성을 다해 그만해야 한다.

내가 나를 믿지 못한다면 나는 누구를 믿어야 할까. 속마음과 겉마음을 구별하지 못해서 점점 더 미끄러진다.

생활의 무덤 속에서 꺼내본다. 충분히 살았지만, 더 살아야 하는 비참한 생을.

64

결백은 필사적이다. 아름답기를 바랐지만 난해해지는 추억. 운명으로 엮어 만든 그물. 역부족인 빛이 갈라지고. 삶은 그럴듯하게 이상해진다.

의미가 줄어든 탓이다. 고백 없이 세월이 가고. 투명한 증거는 신체의 안쪽에서 서서히 녹는다. 입을 열수록 그렇다. 별의 연대를 알수록 그렇다.

어김없이 오는 것. 빈 마음을 흔들수록 번지듯 오는 것.

안다. 이 진통은 오다 만 것.

우리는 이른 새벽부터 상처다. 어제의 영혼을 겨냥해야 한다. 거짓 없이 숭고한 현실의 고백. 가질 수 없는 축복 아래서.

*

이미 빛은 사방으로 떠났다.

65

사랑은 경험하게 한다.

어떤 식으로든 어떤 짓으로든 어떠한 발판이 생기고 그것을 다루는 법을 공유한다. 그리고 죽어 가는 사랑을 살리기도 살아있는 사랑을 한 번에 죽이기도 한다. 넘치듯 커졌다가도 찾기 힘들 정도로 작아지기도 한다. 참을 수 없이 특별하다가 때가 되면 참을 수 없는 현실이 되기도 한다.

어긋난 사랑, 그럴 수 없다는 것. 사실은 콕 집어 설명할 수 없이.

사랑도 추억도 피고 지는 게 맞아. 그것도 여실히 소중하게.

66

하기야 공평한 행복이 있을까

볕이 드는 곳

의식하는 아름다움에는 영 취할 수 없고

더 깊이 몰입할 수 있게 검은 천을 덧댄다

마음을 사고파는 상인이 되어 네 슬픔도 내 슬픔도 거짓 없이 값을 매기고 싶다

진짜 마음은 가짜 집에 두고 왔으니

창문을 열어본다

행복은 늘 먼지를 털어내야 했다

67

어김없이 흘려보내는 실수

달아나는 애정. 숨겨둔 사정을 둔다. 길고도 짧은 침묵. 친절하다. 좋지 않은 마음은 핑계가 될 수 없이. 고백으로 구출하는 놀이.

더 알고 싶은 곳도 무너지는 기색에 감춰진다

한결같이 간파할 수 없고
그렇게 작은 글씨가 되어가

준비하고
긴장하고
해석해야 하는
그런 행복에 지쳐가

실수를 껴안고 자봐야지

천진한 독백
극명해지는 흉

목소리와 맨살은 무관하지 않았던 거야

68

잊기에는 무척이나 많은 기억을 흘렸다

입 안에 가득한 후회
제대로 볼 수 없는 시력
풀이를 내어놓아도 이해하지 못하는 영혼

사랑은 살아 있기에 죽을 수도 있다는 걸

등 뒤에 가득한 파편
닿을수록 빨려 들어가는 사랑의 시체

아는 만큼 꼭 돌아가 보기를

69

사람의 시기는 일정하지 않다. 외형이 동공에 잡힌다. 가만히 서서 담아보는 비밀들. 고요한 먼지 같은 너와 나의 시기들.

타인의 마음을 쓰는 것은 미처 알지 못한 기분의 단상이야. 대책 없이 대할수록 선명해지는 우리의 사소한 비밀. 그에 연관된 슬픔.

알고 있잖아. 우리는 마를 수밖에 없는 액체라는 거.

스스로 이름을 발명할 수 있도록. 우리의 갈증을 심사하자. 회복하던 감각을 잊지 말자.

잘 모르는 파도. 그런 얼굴을 지닌다. 시기는 균열이다.

늦게 발견해도 좋으니. 저 편으로 쏠려 넘어가도. 우리 부디 낯설지 않기로 하자.

70

눈을 푹푹 찌르고 싶다. 이 눈은 내가 아무리 가지고 있어도 온전히 가질 수가 없다. 하얀 눈과 검은 눈. 그리고 그것은 담아두는 나의 그릇은 차가워진다. 영원히 녹는다. 아차, 그런 눈.

기억의 특수성은 재조립에 있다. 조립할수록 짙어지는 안감. 해체할수록 옅어지는 겉감. 기억은 눈으로 볼 수 없으니, 머릿속에서 영원히 되감아 본다. 감정이 녹지 않도록. 해가 아무는 쪽으로 걸어가자.

기억과 눈은 조절할 수 없으니, 투명한 수단이 되기를. 간절히 바라고 바라본다.

눈 덮인 산을 보며 그 무엇도 다시 볼 수 없음을 상기했다.

71

아무런 말도 없이 나는 멈춰있다. 눈을 꼭 감고 있지도 완전히 뜨고 있지도 않은 채로. 망가진 나를 흡수한다. 이 또한 언어가 되면서 시간이 증명된다.

온전한 낙담을 끌어안고 희망의 입김을 내뱉었다. 나는 살아봤자. 이대로 살아봤자.

은연중 태어나는 작은 상처가 소중했다. 그래도 살아봐야지. 그래도.

운명은 손 닿지 않는 오래된 희망.

의자에 앉아도 침대에 누워도 팔다리가 어색하다. 일시적으로 불안을 줄여볼 수는 없을까?

실체는 불안에 떼였다. 검열하지 못한 숨을 뱉을 때 밤하늘을 보자. 너는 나와 같은 별을 보고 있다. 그리고 그 별은 너의 입 안에도 있다. 실체는 곧 피어날 영혼과도 같으니.

약속하자. 살아보기로. 한 번 더.

72

빛의 껍데기를 모아본다. 긁으면 긁을수록 밝아지는 빛의 부스러기. 나는 이것을 짧은 희망이라 부르기로 한다. 좋은 일과 나쁜 일을 구분할수록 내면은 목적이 명확해진다.

가명을 만들고 무엇으로든 부를 수 있게 미래를 빌려온다.

여러 차례 겪어본 이별의 숲. 그 사이로 내리쬐는 무언가.

쓰고 닳은 마음. 너도 빛. 나도 빛. 우리는 빛. 그래도 마음 다음인 빛.

단적으로 내려놓은 마음에 스며든다.

그리고 짧은 인사.

치켜든다. 호흡 깊이 모아둔 빛을.

73

전달할 수 없는 기분은 설명하게 만든다. 거듭 쌓이는 전달의 의지. 더욱 요약할 수 없게 흐느적거리는 언어의 묶음. 듣는 사람이 힘든 건 말하는 사람도 느낀다. 선명하게 침묵을 두른다. 이 얇은 막 같은 침묵은 나를 여러 번 보호해 준다. 말을 못 하는 것도 덜 티 나게. 어린 사람이 아닌 것처럼.

경험은 죽은 빛이다. 침묵은 이따금 병이 된다. 고백의 모양은 입술을 새의 부리로 착각하게 만든다. 영원히 재워두려고 마음먹는다. 희미하게 묻은 공감. 마음 부스러기. 말없이 남겨지고 말없이 보내다가 경험이 필요한 순간이 오면 한 줌의 맑음을 따라 입을 열고 고백하려고.

모르는 기분도 반가웠음을.

74

오목한 시야를 두른 채 오늘이라는 강박을 힘껏 밀어본다

유보된 결심을 재차 잡아내야지

그리고
시들기로 한다
아마도 오는 내일

그리고
오지 않는 당신에게
걷어낼 수 있는 안개가 오도록

당신이 가장 이해하던 단어가 무엇인지, 나는 매번 궁금했습니다

75

멀리서 오는 비현실은 우연한 망각에 드리워지고 나는 아무 상관 없는 사람에게 중얼거리고 있다. 매일 놓치던 잠은 점점 더 차가워지고 조용한 권태가 가득하다. 피로하다. 이 회복에 과도한 의미를 부여하고 싶지 않다.

물결을 지그시 바라본다. 푸른 빛은 검은빛이 될 때까지 부서지고 흩어지고 다시 모인다. 몸 전체가 흐물거리고 불가능한 일에 목을 매고 있다. 구름 밑에 존재하는 모든 허구가 희망이 되도록.

영원한 삶이 온다면 바다의 침묵이 나의 온 세상을 삼킬 텐데, 우연만큼은 치유할 수가 없었다.

76

끝까지 닿지 못했다.

결국, 마침내, 이런 단어들과 결합할 수 없어. 오독되는 문장. 내일을 움켜쥐고 오늘을 보이는 대로 읽어갔다.

새벽에 실종되는 일. 시간을 기억해야 해. 여러 겹의 꿈을 꾸고 나는 혼자가 되고. 아름답게 잘 죽고.

마치 입김 하나에도 부서질 듯이.

폐 속에 품어둔 투명한 산소는 더 투명해지고.

끝까지 읽어내기는 했다고.

텅 빈 문장이 되면 그 부분을 과감히 찢어냈다.

77

요약된 영화를 보면서 눈물을 글썽였다. 흐르지 못하게 단단하게 잡았다. 이 영화의 전체를 본 적도 없이 눈물을 흘릴 수는 없었다. 이상한 자존심이다. 울고 싶을 때는 울어야 한다고, 사는 내내 다짐하고 살았지만 혼자서도 눈물을 잡아당기고야 마는 이상한 습관이 생겨버렸다. 종종 상황에 몰입할 때면 그 순간이 참 좋았다. 어느 곳을 가도 늘 불안하고 죄스러운 느낌에 눈알을 굴리고 손가락을 매만지던 내 모습이 서서히 사라지고 그 순간에 몰입하게 될 때 그 순간이 소중하다.

나이가 들면 눈물의 무게가 달라질까. 나는 조금 더 기다릴 줄 아는 사람이 되고 싶었다. 밤이 희박해지고 체온이 오른대도 일종의 설명을 덜어낼 수 있게. 깨진 언어에 귀 기울인다. 뒷모습 가득 미안함이 담겨있다. 그러니까 나는 눈도 입도 귀도 함부로 열지 말아야 했다.

눈에는 쓸어내릴 수 있을 만큼의 눈물만 차오른다.

그러나 슬픔은 늘 무리 지어왔다.

78

꽃이 피었다.

동시에 흐트러졌다. 마음은 그것이 가능하다. 미래라고 착각한 울음. 방에 가장 오래된 액자가 떨고 있다. 꿈의 이음매를 시간으로 두드린다.

넘치도록 피었다. 꿈속에서는 그것이 가능하다. 형식 없이 아픈 곳. 비밀이 피를 흘리며 서 있고 빛나는 파도 위로 꽃잎이 떨어진다. 넘치도록.

탈락한 기억. 잊으라 했고 잊어야 했다. 넝마는 길을 잃었다. 숨이 끊어지기 전에 도망갔다. 아는 것 하나 없는 그 비밀을 두들겨 팬 뒤였다.

영원히 해체 중이다.

희망을 품은 숨. 그 호흡기. 목 사이로 꽃이 미친 듯이 피었다.

79

거대하게 정체가 온다. 돌고 있다 두려운 하루가.

새로운 건 끝내 마지막까지는 도착할 수 없다고. 묵묵하게 가버리는 낭비감. 때로는 왜곡된 바닥이 안정감을 준다. 삶의 관성은 부지런히 나를 게으르게 만든다. 모순적인 시간의 부유감은 눈가의 피로를 반복하게 만든다. 자주 먹던 싸구려 커피의 깊은 기시감. 다시 팽창하는 시절의 언급. 유행처럼 돌고 돈다 하루가. 웅덩이조차 되지 않는 기억에 고통은 줄지 않고. 아무리 덧칠해도 칠해지지 않는 의문. 다 지난 유효기간이 매 순간 두렵다. 뒤돌면 언제고 상상할 수 있는 어린 시절이 있기에 운명은 더 말라갈지도 모른다. 버리지 않아도 버려지는 하루가 즉시 증명되지 않아서 대체로 그립고 애써 열지 않아도 새롭다. 오래 살던 사람이 죽어도 새로운 것처럼.

80

밤하늘, 말아쥔 손을 갖다 대 본다. 정밀한 사랑은 커질수록 실험대 위로 자주 올라와야 한다.

사라진 언어를 읽어볼 수 있을까?

허용된 감각에 끝없이 무력해지고 빗금이 얼굴 위로 그어진다. 아마 대각선 그리고 마모된 곡선, 눈시울 아래로 떨어지는 짧지만 굵은 직선.

소멸하였다. 붉어 보였던 사랑과 증명할 수 없는 선(善) 뭉치가.

알고 있는 부사가 침몰 중이다. 선상의 머리 위로 밤이 한가득하다.

81

빗소리. 바람 소리. 천장에 드리워지는 그림자.

축축한 계절을 보내고 증명된 믿음을 되돌려 받은 날.

마침표 뒤에 숨어 뒤척이다 창문을 닫았다.

비좁게 조여둔 바깥.

누군가를 만나려면 한참을 걸어야 했다.

82

밝은 것. 꽁꽁 묶을수록 터지듯 나오는 것. 옅은 미소와 깊은 기억. 휑한 벽에 박혀있는 못이 환한 별처럼 보인다. 지워지지 않는 숨 그 파편에 표정이 얼룩진다.

매일 지워지는 꿈
돌아오지 않는 기쁨
잘못 본 글자에 꾸밈없이
긴 잠에 헤매고 또 흘러가길

어떤 걸까? 사랑받아 마침내 사랑할 수 있게 되어버린 것.

이윽고 연기처럼 찢어지는 밝은 것. 그것을 절망이라 믿었다. 영원히 미뤄지는 마지막 표정. 다음에, 그다음에. 이것 또한 기록되기를.

없어서 그리운 만약의 꿈
거짓 없이 중첩되는 젖은 꿈

늦은 밤 유독 가려지는 그런.

83

온몸이 타고 있다. 사색이 멈춘 탓이다. 하나씩 눌어붙는 기이한 마음. 관계는 극명하게 보이다가도 순식간에 숨어 버린다.

구겨진 눈가에 별이 보인다. 가득한 별을 이제는 보기 힘들지만, 눈을 감으면 더 많이 보인다. 유일한 한 가닥의 빛. 손가락마다 별을 끼워본다.

공기를 선택할 수 없던 호흡. 나는 방향도 모른 채 그저 걷고 있다. 산책도 시작도 방황도 아닌 바닥을 밀어내며 깨진 이야기에 발바닥이 무척이나 따갑다.

눈이 먼 채로 도망치고 싶다.

84

네가 보이지 않아서 더 커졌다. 담을 수 없는 크기야. 짓눌리는 크기야.

수없이 포기해 보는 것들. 의식하지 않아도 여러 차례 행복했던 것들. 축축한 결핍이 나를 구덩이로 몰아넣는다. 슬픔은 제자리에 있을 뿐 딱히 자라거나 움직이지 않는다. 시간이 지날수록 덜 흡수된다. 스스로 이견을 좁히지 못하고 나로부터 잘려 나간다. 내가 걱정하는 건 보이지 않는 기억이 맥박으로부터 서서히 멀어지는 것이다.

담담하게 인정하고 견디는 건 내 몫이 많아진다는 걸까?

감내할 수 있을 만큼만 기억을 더듬고 싶다.

85

이해할수록 아름다워지는 빈 곳

다정한 말 한마디, 당신이 바란 것은 그런 것

덧대보는 남겨진 당신의 의미

못다 한 마음이 진실에 담긴 채

당신만이 나 스스로를 잊게 합니다

86

오늘 하루는 어때?

너의 과거만큼 사랑을 그릴 수 있다면 좋겠다. 안에서 바깥으로 늘어나는 아름다움. 새로운 것은 더 아름다워지고 싶은데, 어떤 식으로 깨트려야 할지를 몰랐다.

기억을 꼭 챙기길. 까맣게 죽은 것들. 기분이 왜곡을 담당해서 는 안 되니까.

뼛속까지 변주되는 슬픔
내게 남겨진 설명
가볍게 보내주지 못한 그런
슬픔에 대해서 더는
말하지 않았으면
오늘 하루는.

87

같은 자리에서 빙빙 돌고 있다. 사라지는 별과 살아지는 별. 그 밑 여전히 서 있다.

익숙해지지 않는 내면의 소망. 줄기차게 하나만 계속 바라고 있던 것.

마치 세상에 흡수된 적 없었다고. 협소한 감정의 시신들.

무한에 가까운 울음을 여태껏 참아내고 있다.

나의 밝지 못한 방. 그곳은 어둠과 빛이 반반 공존하며 신중으로 인도한다.

고통도 노력일까?

시간이 지나면 아무 일도 없던 것처럼 소음은 사라질 테고. 어렴풋이 나누던 슬픔과 기쁨, 그 기억은 부드럽게 태동한다.

어쩌면 자비를 구하고 싶다.

저 멀리서 반사되어 온 촘촘한 영혼이 교차한다. 순간이다.

88

진짜 가을이 있다면, 찬란하고 잔잔한 가을이 있다면 내게로 오기를

마음은 쓰일수록
낙엽이 되는 것만 같아서
내내 미완성이던
미끄러지는 의미

더 쓸 마음도 공간도 없다. 가라앉자 떠오르는 그리움. 마음의 흉이 쓸쓸하다.

부디 진실로, 진실로 사라져 주기를

89

작은 분위기는 길게 마주할 수가 없기에 더욱 아쉽다.

귓가에 남겨진 발음으로는 더 해낼 수 없는 것.

힘들다. 더는 힘들어지고 싶지 않아서 더 힘들다.

떠도는 어떤 무게가 떨어지기 전에 이곳을 떠나야 한다.

바라보는 모든 것은 정답이 없다. 측정할 수 없이 두꺼운 직선이 내 가슴을 짓누르고 있다.

그런 기척이 있어도 살아내. 사람도 상처도 사랑도 모두 한 움큼씩 빠지는 만큼 속여도 되니까.

90

잠시나마 함께한 기억 조각 탓

아픈 것이 증거이자 초석이 되기를

희망하고 희망합니다

91

아직은 두 팔로 안을 줄은 모릅니다. 어딘가 실패한 모양처럼 보이기 싫어서 가장 많이 변한 것 같은 모습을 입 밖으로 내어놓습니다.

오래된 진실에 가까워질수록 가난해집니다. 절반의 거짓은 언제쯤 올까요?

후회는 후회입니다.

유난히 바람이 찬 것 같은 날. 간절한 삶이 조금은 가까워짐에 모자란 따스함을 기워봅니다.

어쩌면 덧대지 않더라도 충분했던 걸까요.

한없이 맑은 빛에 깨지는 것. 그런 제가 가끔은 특별해 보이기도 합니다.

92

나는 나를 회수했다.

끝끝내 받아들인 젊음의 손실은 어중간한 외로움이었다. 고집스럽고 죄스럽던 것. 한 줌의 가루. 언제든 파괴될 수 있었다. 곁은 침입자로 가득했고 균형이 깨진 양심과 홀수의 추위를 감당할 수가 없었다.

오래 살지도 모르는데 시간의 절차가 뭐가 중요하다고.
-그렇게 생각했다

삶의 회수
내 몫은 얼핏
홀수도 모자랐고

나는 경험한 적 없는 나를 생각하고 있었다

93

마음의 결이 정돈되지 않아. 중력이 나를 당기듯 어딘가로 자꾸 마음이 튕겨 나갈 것만 같아. 내가 할 수 있는 건 그냥 사는 거니까. 건너간 이유가 쏟아질 거야. 다시 또 분리될 수 있을지 모르겠어. 애쓰지 말자. 후회도 감정도 기억도 사랑도 차별 없이 그저 두는 거야. 네가 지금 할 수 있는 건 모든 것을 흐르게 두는 거야. 뗄 수 없는 불안이 결국 그곳을 메워줄 테니까.

잘 지내고 있다. 푹 꺼진 장면 사이로 슬픔이 비집고 나와도 나는.

왜곡 중이다. 희망으로 범벅된 내일을 부르려고.

94

사랑의 끈이 끊어진 순간

사랑이라 칭하는 게 맞을까? 사람이 맞을까?

익숙하지 않은 질문을 내게 던진다

감정 속에 있는 건지 감정을 쓰는 건지

인지할 수 없는 혹은 싫은, 흔적 없이 이별이라

폐허를 중점으로 생생한 착각이 다녀간다

분명히 시든 영혼이다

다 쓴 진실만 중얼거렸다

95

숨어버린 너를 찾고 싶어서 작고 작은 틈새에 고요를 두었어. 누군가 그걸 건드리면 나는 화들짝 놀라서 보러 가겠지. 그런 일말의 가능성을 두고 싶어. 사람은 가능성을 쉽게 잊고 사니까. 네가 숨을 때는 우리 사이가 소원해지거나 묻고 싶은 게 없어진 거겠지. 그렇다 한들 그게 끝은 아니야. 너도 알고 있잖아. 함께 마음이 커지는 건 이 마음을 온전히 다 전하지 못한 탓이야. 담을수록 넘치고 남길수록 선명해지는 수많은 것들. 우리가 지닌 종류는 나아지고 더 나아갈 일만 있을 거야. 손바닥 가득히 그리고 마음 가득히 그리고 온 세상 가득히. 더욱 조심스럽게 고요히. 숨어도 괜찮아. 존재한다면.

96

요즘은 꿈이 편해.

사람들의 얼굴이 무더기로 떠올라. 그곳에서 나는 일을 하고 계절을 가늠해.

가본 장소가 아니더라도. 언제나 가본 것처럼.

그곳은 한참 멀고 그리고 정말로 없으니까.

다른 방식으로 배고프고. 예전만큼 스스로 다정하지 못해서.

예전만치 두려워해도 요즘은 그런 꿈이 편해.

97

낯선 더러움, 의자 위에는 내가 앉아 있을 뿐이다.

시간이 고이는 것처럼 물이 고인다. 이 물이 다 비워질 때까지 앉아 있을 것이다.

혼자가 아닌 얼굴은 유독 결과를 견인하니까. 이미지에 둘러싸여 쓸쓸해지기 전에.

어떤 해석. 가령 행복에 관해서 한 가지 이야기가 있다.

망가진 내가 보일까?
나는 그저 내게 온 고통을 주웠는데
어쩔 수 없이 떠나는 것도
지킬 수 있는 자리가 사라진 것도
꼭 구분 지어야 하는 걸까?

꺼져가는 이야기가 무릎 위에 앉아 있다.

내가 더럽지 않은가 보다.

98

위협은 나를 움츠리게 만든다. 위협 없는 세상으로 떠나자. 선을 그으면 이쪽으로 다시 넘어오지 못할까? 이별과 외로움은 단 하나의 밤을 여러 겹 그리고 여러 개의 밤으로 만든다.

선홍빛 기억은 리시안셔스와 무화과 파이가 생각나. 밤은 살짝 붉어지고 부풀어 오른 눈가에 선명한 이름이 흐른다.

누군가 그립지 않아. 대답을 기다릴수록 나는 그저 그런 사람이 되니까. 오해는 마음껏 해도 괜찮아. 하지만 나를 한 가지만으로는 기억하지 말아 주길.

한 폭의 그림으로 영혼이 살짝 드러난다. 투명함이 주는 안정감. 몰입한 채 바깥으로 헤맬 수 있을까. 아름다움이 스티커가 된 듯 떨어져 나간다. 이제 전부는 전부가 아니게 되고.

이곳은 선으로 가득해. 언제 지워져도 이상하지 않은데, 지워지지 않을까 무서워. 남은 시간을 다 쓴다 해도 밤을 새울 수 없는 이상한 곳.

작아진 내가 더 투명해지고 더 선명해진다.

99

더 나아지는 꿈을 꾸었다. 꿈이란 현실과 가장 멀지만 가까운 것. 내가 모르는 세상을 알고 있다. 영원히 손상된 내가 보인다.

요 며칠 나는 진실도 거짓도 없이 살아가고
어딘가로 나를 보내려다 실패했다

혼자가 혼자를 보면 슬픈지 그래 보이는 건지
괴로운 마음이 무심과 갈망의 경계선에서 눈치를

오로지 혼자가 된 것마저도 꿈을 저리게 했으니까

100

주체가 매분 달라지는 현재 상황은 내가 평소에 자기 주도적이지 못해서일까? 나의 배려는 점점 존중의 의미가 사라진다. 나는 소심한 사람이 되어간다. 나는 배려를 정하며 사용했을까? 누군가는 이 배려를 당한 것일까? 평소 쓰이지 않는 기분이 찾아온다. 신이 슬퍼할 줄 알았다면 인간은 배려를 배우지 않았겠지. 방황은 기억에 리듬을 따라 나를 왜곡시킨다. 손안에 깨어나는 한 명의 조악한 인간이 보인다. 나는 태어날 수 없다. 이미 한 번 태어났기 때문이다. 알 수 없는 표류. 이제 나는 생각하기에 따라 과거를 재조명할 수 있다. 잘 짜인 수사가 언어의 바다를 떠다니고 있다. 자기 합리화도 필요하면 끌어다 쓰겠다. 자화상은 이미 떠내려갔으니까. 나는 너를 발견했고 너는 나를 발명했다. 인생을 담을 수 있다면 수확의 시기가 있을 것이다. 나는 나를 알아보고 다시 너를 사랑하겠지. 그렇다 한들 어떤 이별도 부족하지 않을 거야. 여전히 약간 슬플 테니까.

101

구원을 바랐다. 위화감 속에서도 믿음을 채굴하면 균열이 발견되는 것.

돌연 사막이 되었다. 유독 간절한 계절의 기둥은 마음의 껍질과 닮았고. 증발하는 믿음에도 모두가 무사해지길 바랐다.

힘없이 상실하고 만다. 비워진 운명의 면적이 추상적이다.

구원의 민낯, 이런 비현실이 정의된다.

102

검은 바탕을 보고 있다. 생각대로 되지 않는 밤.

눈동자가 작아졌다 커지듯 내면의 얼룩은 실존했다가 사라진다.

별을 담은 수레는 여전히 굴러가고 있다.

산산이 조각난 시계. 아끼던 조각을 변호해야 한다.

끝자락이 된 향유. 시간을 머금은 숱한 단어.

덧칠해야 벌어지는 것. 품속에 배열되는 유한의 밤.

증거가 흩어지도록 천천히 잠을 청했다.

103

나를 잘못 알고 있는 사람에게 친절한 설명이 필요하다. 경험으로 미루어 봤을 때, 이런 생각의 짐작은 대부분 틀린다. 그런 점에서 더 반대로, 또 반대로. 원점으로 돌아가지 않게 비스듬히 반대로.

알 것 같다가도 수포가 되는 사람. 포기한 줄 알았는데 반복해서 두드리는 사람. 거들떠보다가 자세히 보고 싶은 사람.

돌아본다는 건 회복이 아니라 일종의 깨우침일 것만 같았으니까.

104

파괴되어 얼빠진 마음 틈에는 네가 한 말이 있다. 어쩌다 이곳까지 왔을까?

네가 지키는 것이 내 영혼이라면, 유일하게 가진 신체라는 빌딩이라면, 각자의 우주를 뜻하는 곳이라면. 더는 집이 필요 없다.

어느 중독자의 고백. 병원을 다녀오고서 소원이 생겼어요. 거짓도 진실도 모르는 편이 나았어요. 줄곧 그리워하던 장소의 자백을 받아냈습니다.

어쩌면 파괴된 것이 아닐지도 몰라. 실체가 없기 때문에 반복한 똑같은 실수. 차가운 시선 무더기 속에서도.

네가 결국 행복해질 거라고 확신했어. 나중에라도 그리될 거라고.

어딘가에 빠질수록 네가 한 말이 들려왔다.

행여 사람은 없고 추억만 남았을 때

어떤 연민을 받았다. 밤마다 기지개를 키는 이유. 이런 것도 사랑이 되려나? 이미 조악해진 빛을 다시 건드려 본다.

어딘가 머무르는 시선
평소에 접어두던
진실을 내어놓고

이쪽

내게서 버려진 언어. 바닥으로 깔린 분위기가 침묵을 수놓는다.

"닿을지도 몰라, 시선도 사랑도 연민도"

잘 모르기에 소리 내어 보는 아름다움. 아마 소홀했던 거야. 어딘가로 새어버린 이야기를 건져내자. 좀 더 친하게. 더 진하게. 살아있길 잘했다고 짙게 믿어보려고.

비틀거리며 희망이 온다. 기억의 질감을 만진 것 같을 때 고이 내보내야 할 것들.

과도한 사랑. 여전함. 우연한 기회. 엉망 속에서 찾아보는
한 줄기 의도. 변함없이 극적이다.

누군가를 위로할 수 없다는 게
끝이 나면 정말 끝난다는 게
내내 홀로 갈라진다

저쪽

메워지지 않는 마음을 거닐며 다시금 비틀거린다.

오랫동안 무언갈 받아 볼 준비를 한 채로.

105

조금만 더 늦으면 무언가 놓치는 듯 한 기분이 들 거야

휘청거렸다 영원히 존재하는 건 없어

이곳의 호흡은 나를 시들게 했다

이곳은 저곳이 되는 곳

우연히 투명한 것

쉽게 살아질 리 없는데, 길게 늘어진 시야를 견디고 있다

가려지지 않는 곳, 무관한 사람이 중얼거린다

가려던 곳, 무수한 환상이 태어나

겹겹의 배경이 천천히 나를 벗긴다

106

빛이 얼굴을 움켜쥔다.

처음으로 내게 온건 불안이 아니었다. 건드리면 쉽게 피어나는 빛의 새싹. 모퉁이를 돌면 다른 이야기가 걸려있다. 영혼은 무수히 그곳에. 지속되는 희미한 목소리가 되는 것. 가볍게 고마워서, 짙게 꾸며져서. 두려움은 한순간에 퍼진다고 그때 깨달았던 것 같다.

표정이 닳은 채 언어의 언덕 위에서 발을 떼어본다.

처음은 유독 점이다. 죽음과 탄생의 점. 종일 생각에 묻혀있다. 다시 한번 덮을 수 있는 빛. 마음 하나를 내어도 정답 없이, 내 눈동자가 꼭 맞는 점이 된다. 스스로 기탄 할수록 하늘이 맑다.

질문의 기록. 또 되묻는다. 처음은 언어로써 힘이 없기에. 또 다른 점이 그 위를 덮는다.

107

사는 게 어쩌면 소리 내는 일 같다. 고요한 소리가 되고 싶은데 내 안에 시끄러움조차 건사하기 힘들다. 어느덧 겨울 향이 난다. 가을의 입구에서 맡는 이 냄새는 왜 이토록 나를 무성하게 만드는가. 한철 같은 포근함은 쉬이 오지 못해서 심장의 형식으로 말아 넣어두었던 것. 왜 계절의 물결을 얼리려 할수록 환하게 터지는 가시가 될까.

내일은 쿵, 하는 소리가 하늘에서 땅까지 흘러내리겠다.

빈약한 잠으로 소원을 빌었고 난 기꺼이 바닥과 헤어지려 한다. 굳어버린 사람은 영영 움직일 수 없다. 천진한 거짓말로 구부러지는 울음, 근거 없는 깊이에 대해서. 마지막까지 두 눈으로 가시를 뜯어낸다. 계절은 편지를 쓰고 비는 밤새도록 땅을 파고. 더 많은 것을 찾기를 바라며 입 안으로 사람을 넣는다. 우연인 척 아무렇지 않게.

사는 게 어쩌면 녹이는 일 같구나.

108

떠나려는 이에게 적막을 주고프다.

발끝으로 우는 사람. 도망은 주체가 될 수 없나보다 부득이하게 절망은 오니까. 마음의 보폭이 줄어 갈수록 비유할 일이 줄어간다. 감정의 둔재는 과거를 가루 내고 편견으로 쓸어 담은 잡음의 재료가 되어버린다.

가지 말라는데, 현실은 우는 사람 지켜봐 주는 일이 없으니.

떠난다. 사람의 연민은 꿋꿋이 감춰야만 하니까. 고압의 의미가 되도록.

발은 기억한다. 잦은 이동도 비밀의 바닥도.

떠나려는 이가 익숙해지도록.

109

유기된 기분이 들 때가 있다. 평화로운 하루가 지속되어도 어쩌다 한 번 깊게 무너진다.

감사하고 밝아지고 싶고 행복이 옆에 있는 것 같은데, 이 눅눅한 안도감은 무엇인지. 설명할 수 없는 어긋난 믿음은 무엇인지. 내게 맺힌 여러 약속이 희미한 별이 된다. 난 더 크게 죽어가는 걸까?

사람은 나를 재울 수도 있고 흥얼거리게 만들 수도 있던걸, 어쩌면 밤은 빛나는 사람으로 가득한 거야. 쏟아지는 장면 사이로 떠오르는 기억 혹은. 살짝 엇나간 그런 파편도 기분으로 쓸 수 있다면, 그 누구도.

그 누구도 이런 기분을 방치하지 말기를.

어쩌면 평범한 날이라 난 더 크게 살아가고 있다.

110

흔적을 포기할 수 있나. 고통으로 야기된 상상의 홈집. 나는 나를 믿지 못해서 모든 것을 잊으려 한 거야. 진정으로 속이 던 무력한 행복. 이곳은 흰 무늬가 가득해. 담아두고 꺼내보지 못한 과거의 조각. 서둘러 자리를 옮기고.

잠시, 잠시만 잊어줄래?

문득 기다리는 기분이 들어. 아무에게도 들키지 말아야 해. 눈을 감아도 보이는 장면을 말이야.

아름다운 사람은 진정 파괴자가 될 수 없으니.

초점이 너를 찾아낼 때까지 잘 지내고 있어. 과거에서 온 여러 염원이 눈이 되어 내릴 거야.

누군가 발견하고 빛나는 선택이 될 이야기. 잡아보고 쓸려가고 오래간 비워진 흔적.

포기하지 않고 그렇게 너와 나는 목 놓아 울기 시작했다.

111

다정함을 받은 기억, 그 순간만큼은 꼭 기억해 내고 싶다. 유독 정성을 다해 유지한다.

서로 다르게 슬픔을 갖던 것. 읽히지 않는 감정은 흘러가 버렸어. 지난번도 이번에도 오래도록 이어보려 했는데, 며칠이 또 지나겠지?

머뭇거리다 이마가 식었고 아무런 이해도 못 한 채 멍청한 얼굴로-

태도를 바꾼 이는 앙상해진다.

기억은 중력이 되어 찾아왔어. 시간이 머리 아래로 말없이.

근데 왜 마지막을 알고 있는 듯한 눈빛은 좀처럼 바뀌지 않을까.

웅크린다.

턱 끝으로 떨어지는 기억. 끌어안을 수 없어서 그냥 두었어. 꼭 달아난 모양. 아마 너무도 긴 이름이었던 탓일까. 듣자마자 자연스럽게 소등되는 그런.

지나간 시간이었어.

112

언제쯤 간절한 이 마음이 풀어질까. 헤어지지 않았는데 헤어진 기분이 든다. 어느새 답답한 마음은 생계를 고민하는 기록이 되었고 어느새 머릿속을 텅 비게 만든다.

누구든지 나와 나누던 게 축복이라면 좋겠다. 이제는 지나갈 사람, 감정, 시간. 대체 언제 이들을 지킬 힘이 생길는지.

몸도 마음도 가난하다. 재능은 빛없는 빛이다. 부질없는 침묵도 아껴두던 비명도 저마다 이유가 되어 얌전하다. 가짜가 된 마음으로 지내는 건 특별한 것도 없으니.

큰 소리가 나는 현관문에서 뒷걸음질 치고 있다.

쉴 새 없이 현실이다.

113

어떤 말을 전하려고 했다. 그 말은 투명한 시험관에 담긴 어떤 것이었다. 주체적인 경험과 간접적인 식견을 토대로 어떤 말을 지었다. 짓다 보면 그것은 사실에 기반한 거짓처럼 보였다. 간절한 상황의 울음도 평화로운 날씨의 울음도 멀리 보면 다 똑같은 이유로 지어냈다. 그리고 사라졌다. 고점에 닿기도 전에 터져버린 작은 불씨가 내게는 희망과도 같았다.

나의 선생은 어쩌면 나였다고. 애써 눌러놓은 치기 어린 불만도 감정으로 본다면 감정은 고를 수 없는 나의 자식 같다. 곡선 모양으로 존재한 기억은 구불거려 피할 수 없다. 의문의 답은 위태로운 나를 일으키고 기억과 합선해 감전을 유발한다. 피치 못한 가르침. 그 틀에서 더없이 애처롭다.

고강도의 희망은 생의 바탕이 되기도 했다. 어수선한 재료가 서사의 환기를 주듯 완벽하지 않은 생은 무릇 더 치열할 기회를 부여받으니, 본연의 기척은 더 소중해졌다.

114

이별하는 중인가요?

수복된 마음은 없습니다. 더 가까이 가요. 두드리고 안정을 취해도 읽히지 않으니까요.

당신은 당신의 헤엄을 지키기 위해서 더 헤엄을 쳐야 합니다.

연속적인 파도. 그을린 해변. 바다의 올곧은 인력 속에서 우리는 살아가니까요.

밤새 올려다본 별이 멀어지고 있다는 사실을 안다고 해도.

울음의 역사를 모조리 빼앗긴다 해도.

미련을 모두 빼낸 채로 시작하기는 어려우니까요.

당신은, 사랑하는 중인가요?

결심하기 좋은 날은 없습니다.

이토록 가늘어진 심정을 보세요.

이 별은 까닭을 앓고 있습니다.

115

상처는 마르지 않는다. 아무리 주고받아도 서로의 기준이 턱없이 다르고, 해가 없을 거 같던 일종의 따스한 섬광도 어느덧 그치기 마련이니까. 사람은 유해할수록 거친 믿음이 필요하다.

너를 위한 슬픔은 무척이나 진실해. 여러 번에 걸쳐 나누는 안부가 슬픔을 직조했다고. 그 많던 날개가 꿈속에는 있었잖아. 너는 너를 위한 다정함을 약속하지 않았어?

추락하듯 눈물을 흘린다. 결코 묻지 못한 간절함이 묻어있다. 손가락을 피고 얼굴을 가린다. 이는 그저 망친 날갯짓, 숨겨둔 숨이 터져 나온다.

이토록 편도뿐인 삶. 오래될수록 홀로 가벼워진다. 한 번쯤은 기다렸던 현실이 오고 있으니.

116

너는 크지 않은 말로 나를 울렸다.

여러 장면이 겹칠수록 어긋난 해명으로 마음이 작아지고.

정확하게 이을 수 없다는 걸 아는데, 한쪽이 완전하게 죽어 있던 것이 아닐까?

완전한 망가짐일수록 언어의 주름이 늘어갔다.

사랑의 말로, 오래될수록 빛날 거라는. 기억의 말로. 가장 중요한 역할을 해내는 것.

다정한 너의 품에서. 실은 기다림으로 준비를 한 것이라고.

계절의 틈 사이 낀 너를 꺼낸다.

너는 더 작아질수록 나를 아프게 했다.

117

창밖에 누군가 있다. 푹 젖은 너머의 깃. 그 깃을 애틋하게 바라볼 수밖에 없다.

덧없이, 덧없다. 벽에는 사랑과 비슷한 얼룩이 있고.

혼자 울기에 바쁘잖아. 이내 실명이 가깝게 드리우고, 빛이 산란하고. 알 수 없지만 웃자. 마음은 모양을 지닌다. 영원히 사라질 수 있을까? 살아가는 걸 보여주기 싫잖아. 가장자리에 기대어 너를 기다릴게.

갈 수 없는 곳. 물이 가득해. 세속적인 희망은 빛이 바랬다. 살아 있다는 것 말고는 불리는 것이 없다니.

아이처럼 웃자. 흙탕물을 밟으며 강아지풀을 주머니에 넣자. 그새 풍경이 우는 것처럼 보인다. 경황없이 나는.

창밖에 서 있다.

118

어떤 기대 없이 하루를 보내는 건 비스듬히 여행을 준비하는 것과 같다. 잘못된 걸 수치화할 수도 없기에 최선의 채비를 한다. 어떤 회상도 무한할 수 없으니. 애정을 꾹 눌러 담던 계절이 지나갈수록, 그리움을 안으로 섞을수록 숱한 기침을 뱉는다. 애쓴다. 한 톨의 미래라도 잡기 위해서. 보통으로 여전하기 위해서.

이제야 눈을 감는다.

대체로 부릅뜨고 마주한 것들. 나는 나대로 아팠고 진즉 없는 사랑을 빗댈 수는 없었다.

사랑에 관한 이야기를 하는 것이 아니다. 내 안의 이 그리움마저 사랑이 된다면 기록될 것은 누추한 슬픔뿐일 것이다. 가득 숨겨둔 자화상에 잔인한 진실을 덧칠해 본다.

비로소 의심이 따스해질 테니, 부디 오래도록 볼 수 있는 하루가 되기를.

119

결말을 들어보기로 한다. 반쪽짜리 출구에 사람이 가득하다. 모두 나가기를 원해서 반쪽은 감춰두었다고. 진심이 담긴 진심을 숨겨두었다.

끔찍하게 작아진 내게 어울리는 날씨다. 비도 빛도 아무것도 없는 그런 날. 진심 어린 걱정을 한곳에 모아 두고 빛의 가닥을 잡는다. 더는 없는 줄 알았던 어둠이 발에 치인다.

기억에 염증이 날 수록 다른 사람을 내치게 된다. 이미 내친 나도 없고 다른 사람도 없는 이 공간을 바라보면 아픈 게 당연하게 되니까.

서서히 그을린다. 혹시라도 내가 착각하는 것은 아닐까?

다급한 진실에 의외로 구분되는 밑바닥. 이미 먼 발치에 희극은 점유된 적이 있었다. 아마도 끝내지 못한 감정적 결말처럼.

120

이질적이야. 희망은 소실되는 실체의 찡그림이라,

낯섦은 결핍의 입구를 조금이나마 채워내잖아. 마음을 다해 어딘가로 빠지고 싶어.

그럼에도 불구하고 채울 수 없는 천장. 그곳을 벗어날 수가 없어서 너는 이토록 떨고 있니.

보이지 않는 것을 보라고, 눈짓은 그나마 보이잖아.

그나마 보이는 것과 좀처럼 보이지 않는 것. 두 손을 모두 들었어. 사랑은 워낙 까마득히 어려우니까.

너 그 어려운 걸 해본 적 있잖아.

실물로 있지만, 잃었고. 하늘에 피는 낯선 표정.

산다는 건 뭘까?

어른으로 머물다가 순식간에 아이가 될 수도 있다는 걸지도.

121

흘러가게 두어야 할까?

혼자 방에서 울어 본 사람은 조금이나마 알고 있다. 언어의 무게와 문장의 처방. 찬 바람이 불수록 떠나는 모양. 괜찮다고 스스로 속삭인다.

그냥 살고 싶은데, 또 뭔가 특별하기도 하고 그러다 마침 앓는 병은 특별하게 봐야 할까. 수명은 때때로 바뀌고 흔적은 쓸쓸하게 있고. 뜻하지 않게 대답을 받겠지. 바닥이라 바닥이 없다고.

눈 감으면 보이는 깨진 모양. 눈을 뜨면 보이지 않아서 베일 일은 없지만, 희미하게 많은 생채기가 나던 것.

영혼이 느리게 눈을 감는다. 우는 소리로 착각했나 보다. 느지막이 발견한 주소.

그곳으로 미소를 지어 보냈다.

122

목숨을 지어내는 것. 사실은 그런 의미가 아니잖아. 밤과 빛은 젖지 않는다. 서러워서 금방이라도 울 거 같은데. 진정으로 중얼거리는 사람. 이런 건 아주 사소할지도 모르겠다. 사소한 집착. 이것마저 이제는 말도 안 되는 소리 같아. 사소하지 않으니까. 주어 없이, 이미 깊이 잠겼으니. 수면을 매만지며 되뇐다. 동시에 무언가를 지켜야 할 때가 온다. 어쩐지 생기가 생긴다.

애틋하게 잊히기 어떤 이는 손쉽게 그을린다
그리고 구겨진다 까맣게 시든 것 같다

잘 보내기 위해 슬픔을 받아들여야 해
애써 희망을 후려치며
구체적으로 멀어지려고

123

위로되는 문장을 남기고 싶었어. 그리고 내가 널 무척이나 아끼고 있다는 문장도. 내 안의 어떤 실험을 통해서 어떤 구조와 단어가 너에게 가닿을지 그리고 담겨서 오랫동안 간직될지. 하지만 그 어떤 것도 답을 내리지 못했어. 내가 가진 희망의 발성이 그런대로 성장했다 해도 너를 품기에는 그 무엇도 작다는 걸 알았던 거야. 언어의 쓸모가 사라지는 순간. 그 순간을 처음 경험했다 해도 너는 믿지 않겠지만, 긴 시간의 선별은 이토록 의미가 없던 거야. 사람이 되어서 사랑을 한다는 건 시간을 부여받고 일종의 선택을 할 수 있다는 거겠지만, 하루를 두드리며 너를 찾는 건 선택보다는 조금 더 첨예한 일이야. 그리 간단하지 못해서 긴 사족을 붙여 설명을 해봐도 너에게 내 마음을 전하는 건 어려운 일이고. 어쩌면 순간일지 모를 우리의 시간을 그저 우연히 볼 수가 없기에 그런가 봐. 힘들 때 꼭 말해달라는 건. 나도 꼭 말하고 의지하고 싶다는 말이야. 그럴 수 없을지도 모르고 그렇게 될 수도 있지만. 마치 빙판 위에서 하는 고백처럼 할 필요가 없는 거지. 한 번의 고백이 끝이 아니라 우리의 미래에 대한 고백은 무수하게 반복될 테니까. 사랑은 문장도 단어도 형용하기 쉽지 않은, 그렇기에 더욱 애틋했고. 모든 걸 접합하여 표현했고. 그렇기에 그런 특별한 미지의 소산인 거 같아. 언뜻 사랑은 비슷하지만 똑같은 사랑은 없는 것처럼. 보이지 않기에 더 특별할 이유가 있어. 알겠지?

124

느지막이 혼자가 되는 삶은 뻔하다가도 뻔하지 않고 정체되고 유기된다. 요즘 유독 가위에 자주 눌리고 있다. 설명할 수 없는 검붉은 선이 방에 가득하다. 표독스러운 영혼이 되어 가는 것 같다. 가감 없이 짓눌리는 불명의 기운이 왜인지 아프게 느껴진다. 다시 몸을 일으키는 것이 고작이다. 그렇다 한들 살아있다고 느끼거나 죽고 있다고 느끼는 것은 아니다.

아무는 빛이 들어선다.

나무와 꽃이 무척이나 아름다워 보인다. 선선한 바람과 맞추는 시선 그리고 걸음. 주변으로부터 소란하게 치유되는 어떤 날. 문을 열수록 힘이 생긴다. 언어를 덜어내자 조급함이 바닥으로 가라앉는다. 미래가 변할수록 기분이 좋아지는 것. 재배치할 수 없는 과거. 의식적으로 좋은 일을 점유하려 한다.

순간은 무의식적 희생과 연결되고, 혼자는 또 다르게 무언가로 번역된다.

125

더는 너에게 갈 수 없음이 느껴질 때, 아무것도 할 수가 없었어. 악습이 반복되다 절망으로 가득한 둥근 점이 되겠지. 더한 사랑을 바라고 더없이 기대하고. 안 좋은 일이 일어나지 않기를. 네가 나의 얼룩마저 사랑해 주기를. 바라고 기대하고. 내가 할 수 있는 건 내 마음에 너를 담는 거야. 더는 네가 느끼지 못한다 해도 알고 싶지 않다고 해도. 넘쳐흐르는 것은 가릴 수 없다는데 나는 왜 자꾸만 가려지는 걸까? 무한하게 꺼낼 수 있는 사랑을 하고 싶어. 목적 없는 슬픔은 살며시 스쳐 가기를. 소중한 기억만 펼칠 수 있게 저기서 오는 끝점이 희미하게 옅어지면 좋겠다.

너는 가는 길마저 정돈한다. 다 쓴 기억이 모두 너라서 이 시점은 내 쪽에서는 끝나지 않는다.

126

다시 읽어보는 아름다움은 처음을 염두에 둘 수밖에 없다. 더욱 정갈해진 시선은 테두리를 따라가고 그 모양으로부터 얻은 일종의 체념과 양식은 나를 더 아름답게 만든다.

감정은 복기할수록 내 것이 되지 않는 모순적인 면을 갖고 있다. 순순히 나를 따라간다. 옳고 그름을 정의하고 흡수하는 것도 온전하게 따라가는 것이다. 서사를 갖지 못해서 재미없는 문장에 시간을 낭비하더라도 정교해지는 과정이다. 감정도 무릇 비슷하다.

감정이 없는 건 아름다움과 조금 더 멀어진다. 불완전하기에 아름답다. 일련의 소나기가 되어 끝맺음이 최소화가 되듯, 약간의 젖음도 응원으로 견딜 수 있게 된다. 울컥하게 되는 당신의 이야기가 홍수가 되어 쏟아지고 이상하게 조화로운 무지개가 생의 무늬가 될 테니.

127

눈을 감아도 당신이 선명하다. 내 안에 당신은 버젓이 피어 있다. 이 세상의 모든 언어로 당신에게 사랑을 건네고 싶다. 애틋하게 균형을 유지하고 있는 이 성장기가 유독 포근하고 행복하다. 내가 그림을 그릴 줄 알았다면 한없이 어두운 나의 내면을 올곧은 탑으로 세운 당신의 따뜻한 손가락을 그릴 텐데. 애써 피한다. 당신에게 상처를 줄 수밖에 없는 나의 무능함. 그것만으로 나는 완전히 무너진다. 그렇다 한들 당신은 나를 버리지 않는다. 당신은 나를 지켜준다. 당신은 나의 세상이다. 내내 불러도 지치거나 질리지 않는 당신의 이름. 늘 그립고 보고 싶은 당신에게.

128

어느 목적성의 잔해는 눈에 띄기 힘들다. 상냥한 얼굴로 사람을 맞이하다 보면 갑작스럽게 궂은 비가 내리는 창을 보아도 미소 띤 얼굴이 눈에 띈다. 그렇다 한들 세상을 향한 무모한 결례를 지닌 이 마음은 어떤 식으로 풀어내야 할까. 언어를 쓰다 보면 하루 만에 다 젖은 속내를 마주하고는 한다. 비밀이 덮치는 희열 속 덧칠하는 진실. 가릴 수 없는 일상의 주름이 표정에 가득하다. 나의 진정한 무지는 망각에서 오는 것일까? 폐기되는 수많은 색. 그리고 약속들. 이제 더는 우울하지 않고 생을 유약하게 조리하는 나의 손가락이 애틋하다.

그런 가짜 같은 진짜가 입안에 가득히 차 있다.

이 소중한 의지를 미행해야지. 두고 온 것도 찾아온 것도 불명의 공간에 밀어두고.

그저 우두커니, 그런 게 싫어서.

129

이면에 대해서
행복은 저릿하다는 또 하나의 의미
짙고 굳게 질리도록 길게 담아두고 싶은

순간을 대하는 태도는 눈알을 굴릴수록 변하고 또 변하고. 그때와 현재를 이어주는 목소리. 그리고 확인할 수 없게 굴러다니는 기억.

한꺼번에 녹아버린 외투 탓일까. 내가 지닌 나에 대한 무례를 볼 수 없게. 파고 또 파낼수록 거침없이 바닥으로 들어가는 이면의 삽. 영영 좋은 사람이기는 틀린 건지. 그래도 마지막 침묵만은 꼭 볼 수 있기를.

새벽에 여러 차례 오가는 내면의 전송
어쩌면 허공을 꽉 잡는 통증

심장 위 검은 바위가 있다
나는 공손히 두 손을
심장 위로 올려놓았다

130

고작 여러 편의 꿈. 그치지 않는 환상통이 온다. 그리고 전혀 아픈 기색 없이 외출한다. 꿈에 더는 영향받고 싶지 않다. 꿈은 꿈일 뿐이니까. 울면서 깨든 웃으며 깨든 현실과 동떨어진 느낌에 호흡이 더욱 차가워진다. 애써 지워보는 한기. 비현실은 내게 위로가 아니라 외면 혹은 외상이라고. 거울을 보면서 숨을 아낀다. 아마 머리카락도 울고 있던 걸까. 슬픈 꿈이라도 묻은 건지. 이 모든 건 다 환상이다. 그리고 부단히 탈출하려는 영혼의 비명일 뿐이다. 먹구름이 하늘에 가득하다. 쏟아지는 비는 잠깐의 평생을 바쳐 쏟아진다. 꿈처럼 쏟아지고 사라진다. 막막한 아픔을 관통하려고 기를 쓴다. 일말의 진실도 가리고 싶은 건지. 이내 하늘은 손쉽게 모든 걸 비출 텐데도.

131

낯선 곳은 안개처럼 뿌옇다. 눈으로 만질수록 선명해진다. 눈앞에서 화질이 좋아지듯 그 일정한 부분은 파손된 것이 아닌 하나의 기억이 된다. 익숙해지기가 여러 차례 어느덧 그 부분으로 눈길을 주지 않게 된다. 사소하게 생각한 적이 없다. 그런데도 그런 기억이 되는 건 근원적 시야가 좁은 탓일까. 소중한 감정을 잊은 탓일까.

'문'이라는 매개를 떠올린다. 나는 내게 진솔했던가? 관계도 계절의 바람처럼 자연스럽게 갔다가 돌아오는 것은 아닌가? 문은 한참을 열리고 한참을 닫혔다. 수많은 인기척과 손자국. 이룰 수 없는 건 고칠 이유가 없다. 과거는 나열할 수 있고 미래는 기다릴 수 있다. 그리고 둘 다에게 기댈 수 있다. 나에게 시간은 문이 되고 집이 되어준다.

뚜렷한 기억을 다시 떠올릴 수 있게 익숙하던 기대가 더는 흩어지지 않기를.

132

홀로 고요한 걸 가지런히 모아본다. 굳이 말하지 않아도 질서가 생긴다. 그들은 저마다의 이유로 서로를 지켜준다. 이대로 괜찮은 건지 다시금 생각해 본다.

편안에 대해 의심하는 순간 가슴이 답답하다. 이런 뉘앙스를 지니는 것도 어찌 보면 어려운 일이다. 편안을 의심한다는 건, 이해할 수 없는 장면에 손가락을 넣는 것처럼 고요함을 깨는 행위다.

모순되게도 불편한 질서가 든든하게 느껴질 때가 있다. 상대가 했던 말을 또 하는 것은 기억을 못 하는 것도 맞지만 그만큼 그에게 떠들 수 있는 상대가 되어 주었다는 것. 또 들어야 하는 수고와 든든한 스피커 사이로 외롭지 않다는 공기를 충분히 잡아볼 수 있다.

실재하지 않는 불안과 싸우는 것보다야 훨씬 수월했다.

133

일상이 구겨질수록 표정은 사라져갔다.

자기 연민 탓일까? 하나둘씩 포기하는 게 늘어갔다. 그럴수록 마음은 더욱 불편해졌다. 이 시기가 지나면 나는 얼마나 실패하고 더 나은 사람이 되어있을지. 그런 걸 머리로는 알고 있어도 마음은 수정하기가 힘들었다.

아무 감정이나 뱉지 말자. 나오려거든 온전히 삼키자. 나의 재앙은 모든 사람이 나를 알고 있는 것. 나의 불행은 모든 사람이 나를 모르는 것. 언뜻 나는 사라지고 있다.

이곳을 지키기 위해 어떤 노력을 했었다. 어떤, 딱 그 정도. 뒤를 보며 돌아갈수록 선명해진다.

일상은 구겨진 대로 주름이 남았다. 표정은 딱히 비밀도 아니었다.

그저 과거를 흔들수록 미래가 뜨거워졌다.

134

어느 순간 내가 뭐라도 된 듯한 기분에 사로잡혔다. 누구에게도 딱히 티 낸 적은 없던 그런 이상한 병. 나만의 기준을 낮추거나 하는 게 아니라 기준 자체를 없애는 것.

다시 초심을 다잡기 위해 예전에 적던 글을 다시 읽어보기 시작했다. 흐릿한 기억. 날 것 그대로의 문장. 지금은 무엇을 위해 글을 쓰고 있던가?

마음은 크게 나아진 게 없었다. 몸을 일으키고 주변 환경을 바꾸고 현재 상황에 맞춰 인위적으로 만든 두려움의 크기로 살고 있었다.

삶은 켜졌다 꺼지기를 반복하되 나를 기다리지 않았다.

흐르지 못한 채 맺혀있던 나는, 더 배워야 한다.

135

하늘에 구름이 떠 있다

소중한 비극을 반복하는 것만큼 위태로운 결함이 있을까?
구체적으로 영원히 탈출해야 했다

순간의 비극
이미 넓은 오해가 더 벌어진다

분실되는 끝의 불확실한 깃을 잡아도
조각난 질문을 털어 슬쩍 어긋난다 해도
저기 저 미래를 설명해야 하니까

가장 살고 싶은 작은 빗방울 하나가 내린다

136

눈을 감아도 감은 것 같지 않다. 수면은 익숙하듯 익숙하지 않다. 이해할 수 없는 종류의 안도감 그리고 고양감이 찾아온다. 이미 예전에 내려놓았던 어떤 전류가 흐르는 것만 같다.

침대는 도마가 되고 이불 위에서 맴도는 한기는 날카로운 칼이 되어 한없이 조여온다.

불면은 늘 시도 당하다 부패한다. 근육의 긴장을 풀수록 먼 길을 돌아가듯 혈관과 호흡은 지쳐간다. 이유 없이 이유를 찾다가 천장이 걸어둔 낡은 기분을 꺼내 입는다. 포기도 하나의 과정이 된다.

자전하는 영혼. 닿지 않는 미래. 그곳으로, 애써 머금던 밤을 토해본다. 영혼의 목소리가 울려 퍼진다.

137

욕심은 더러 계기가 된다. 깎아내 정돈하면 미숙한 충동마저 통제할 수 있게 되니까.

살아 있어 실패된 울음소리는 어찌 보면 바다보다 크고 가늠할 수 없이 퍼진다. 한 가운데 몰려 있는 의식. 간단한 감정으로 희석되는 과욕. 조심스럽게 저 멀리 헤엄쳐본다.

희미하지만 가득한 슬픔으로 살아간다고. 뒤늦게 숨을 채워 넣었다. 보이지 않는 심장의 실금. 통증이 밀려왔다.

깨지지 않는다. 미세하게 회복되는 수평선. 더는 파도가 아프지 않았다.

138

여생 동안 죽음을 모아두고 산 것 같다. 죽음을 느껴본 적도 없고 죽음을 느낄 새도 없이 죽겠지만, 죽음이 이토록 두려운 이유는 살아있다 걸 세어볼 수 있어서가 아닐까? 시간이 지나면 과거의 내가 부족해 보였다. 지금의 내가 걸어온 궤적이 충분하지는 않지만, 과거보다는 잘 살아왔다는 증명인 것만 같았다. 마음 창고에 넣어둔 죽음을 차례대로 살펴보면 어쩐지 이해되지 않은 부분과 이해를 떠나면 작은 내면에 홍수가 난 것 같은 기분이 들었다. 그리고 지금에야 관조할 수 있다니 그 당시의 스스로를 내려다봄은 발등도 고개도 아니라 시선 정도만 까딱한 것은 아닐까 싶다. 아직 세어볼 게 많다. 그리고 세는 일을 멈추지 않으려 한다. 지금은 내 죽음이 가벼운 농담이 된다면 좋겠다. 이제는 금방 셀 수 있는 밤하늘의 별처럼. 그렇기에 더 귀해지는 삶, 최선을 다해 간단해지고 싶다. 수많은 별이 지나갔어도 나의 자리를 누군가 쉽게 기억해 낼 수 있도록.

139

말을 옮길수록 와전되는 장면. 해결해야 할 새로움. 견딜수록 잃어가는 충고들. 세월을 배워도 소리 없이 용서하는 건 늘 어렵다. 또 다른 말이 이동한다. 혼잣말 또한 이동한다. 이 고민의 한계는 지정되지 않지만 기정되지도 않아서 안개를 두른 거리감에 눈을 감아본다.

달라진 마음. 반복되는 왜곡. 쓸쓸하다. 그러다 내게 부탁한다. 다시 사는 것과 계속 사는 것. 그 둘 중 어느 쪽으로 기울고 있는지. 기울고 싶은지. 간곡히 소명하길. 빈 곳이 어지럽다. 그득한 기적이 잇따라 발생하기에 모자람이 없다. 당신들도 함께. 옮겨지고 쓰러지다 스스로를 용서해 주기를.

140

온 마음을 찡그려서더라도 해내야 하는 게 있다. 결핍은 돌아가던 길을 좀 더 헤매게 만든다. 비교해 본 서사가 이유도 모른 채 어딘가 부족해서 결핍이 더 특별해지는 게 아니다.

사람은 곁에 있다가도 사라진다. 사라짐으로 소중함을 느낀다. 미련과 후회 속에도 버려질 때 사람은 목숨을 걸고 마음의 문을 닫는다.

다쳐서 우는 소리가 아름다운 건. 귀 기울이던 겨울, 부딪혀 본 그날들이 헛되지 않았다고. 가난하게 말라버린 세월이 피할 수 없는 대답을 해준다.

어두운 날은 고막이 괴롭다.

언젠가 대신할 수 없는 음성의 상처가 고막을 두드릴 테니까.

141

대체할 수 없는 불빛이 되어
새 뒷모습이 붙은 하얀 구름에서
숨의 파편을 찾아내고는

어떤 뜻은 속으로 울고
희어지는 고통 속으로 웃고

아직 품이 남아있어
안을 수 있어

그 감추었던 배경이 구원처럼
이토록 빛날 줄은 몰라서

겨울은 혼자서 머무르고
허전한 입김을 뱉는다

나에게 남은 시간은 봄이었던가

보이지 않은 흔적
새벽이 되고서야
망연한 나를 용서한다

뺨에 맺히는 계절의 온기, 그 감각을 어찌 잊을 수 있을까

긴 잠이 들어도 우리 헤어지지 않으니

142

그리움과 나 사이에는 슬픔이 있구나.

숨이 자연스러워질 무렵. 나의 자전이 두려워졌다.

꽃이 머물수록 풀이가 없는 여읜 새벽. 뭉툭한 그림자는 슬퍼 보이고. 중심을 잃은 목소리를 영원히 기억한다. 곁은 얇은 잎으로 가득하다. 무척이나 고와서 찢어진 것도 모른 채.

참 오랫동안 지켜보고 있다. 기억 더미는 뒤엉켜 흔적이라 말할 수도 없이.

여전히 세상은 바뀐다. 세상을 잃고 야윌수록 슬픔도 야위어 간다. 해사한 방황 속 망설이던 마음을 잊지 않기를.

그리워서 결심했다. 그 꽃을 딛고 더 나은 꽃을 피워내겠다고.

이내 그사이는 가까워진 마음이 여러 겹 있었다.

143

한 가닥의 죽음. 꿈으로 실현되는 반복은 잠에서 깰 때 늘 분실되었다. 좀처럼 잡히지 않았다.

무한하게 곁을 내줄 수 있을까. 고통이 지나가야지 증명되는 것.

어느 형상화된 마음. 검은 숲. 보살피지 않아도 빛을 흡수한다.

조용히 제자리를 찾아간다. 무의미하게 가로지르던 곳으로.

사적인 증명은 하염없이 꿈틀거린다. 관찰당하고 싶은 죽음은 곁에서 무한하니까.

여러 가닥의 꿈. 우리는 죽기 전에 편지를 남겨야 했다. 망가질수록 존재하는 우리는 단지 중얼거릴 뿐이었으니까.

144

곧 크리스마스가 온다.

기억을 더듬으면 늘 설레고 기대되던 건 아니었다. 그리고 늘 서글프고 외롭던 것도 아니었다. 타지에서 온 기념일은 이런저런 상념에 빠지게 했다. 뭔가 설명하기 힘든 그리운 마음도 있었고 뭔가 해야만 한다는 마음도 있었다. 버티기 힘든 크리스마스의 향수란, 텅 비었을 때 유독 더 가득해지기도 했다.

그만큼 겨울은 의미가 짙다. 여러 번 덧칠해 둔 겨울에서 어떤 겨울이 가장 즐거웠을까?

겨울 향이 가득한 손가락은 새하얀 눈을 만지지 않아도 미소를 짓게 만든다.

발이 시리다 한들 모두의 양말 속, 특별한 기억이 담기면 좋겠다.

145

시절은 명백하게 쏟아진다. 붙잡을 수 없는 줄기가 추락하듯 손 틈으로 새어 나간다.

엉성한 다짐으로 기억을 지키려 구분할 수 없는 희망을 품었던 것.

보이지 않는 언어의 숨, 우연히 공유되어 흔적을 남긴다.

이탈한 자리의 회상을 비추어 본다.

아무것도 가질 수 없기에 더 아름다웠던 시절. 고요한 슬픔은 환원되었다.

지워지지 않기에 심정의 형식은 영원히 결부된다.

146

시간이 흐르게 둔다. 중얼거림. 혼자 사는 집이 되고부터 겨울은 유독 춥다. 이따금 식량을 걱정하고 차가운 바닥은 절약의 빙판이 된다. 입에서 입김이 나와도 이불을 뒤집어쓰면 된다고 합리화한다. 이렇게 살아도 누구 하나 인정해 주지 않지만, 나같이 사는 것밖에는 할 수가 없다.

겨울은 슬퍼
사실을 재현할수록 더

이 연속적인 언어의 도태가 절대로 생존의 증명은 아니라고 신이 있다면 심장을 살짝 눌러주면 좋겠다. 뜨거워진 혈관이 겨울을 녹일 수 있도록. 이 계절의 행방을 숨결로 데워놓을 수 있기를.

147

여기는 망가진 영혼이 사는 곳. 축축한 의미를 더듬거린다. 진실을 읽어보려 얼룩을 만진다. 꼭 돌아오는 더 명백한 것.

희망을 품을수록 고통이 태어난다. 온전하지 못한 풍경으로부터 배운다. 보고도 보지 않고 들어도 들으려 하지 않아서 누울 수도 없고 앉을 수도 없다.

손에 쥔 기억은 이야기가 없는 기적이다. 실패는 배우지 않고도 할 수 있는 거라고. 머릿속 무작위로 배치되는 헛된 탄생과 두려움.

아직 끝나지 않은 통증. 기억은 날카롭게 각인 되다가 탈락한다. 저곳으로. 가령 흐릿한 점이 더 선명히 복원되었다고.

담아낼 수 없는 시작과 끝도 과정이 되던 그 기적에 염치없이 빚을 지고 있다.

148

자문하는 일은 그리 쉽지 않았고 어떤 언어는 발생하려 애쓰다 뿌연 수증기가 되어 사라졌다. 소화되지 않은 기억. 쓸 수 없는 아름다움과 셀 수 없는 기척이 공존한다. 손가락 마디에 서리가 낀다. 수없이 많은 대답이 내린다. 하늘은 무색하게 다정하다.

긴 상처는 매끄러운 바닥도 들추게 한다. 도망칠수록 불리는 이름. 바닥은 물결의 그림자로 가득해진다. 그저 바닥 위에서 넘어지지 않으려 애쓴다.

중간에서 기껏 의미를 담아도 어쩐지 오한이 든다. 뒤돌지 못해서 오래도록 닫힌 문.

익숙한 진실이 되어간다.

149

무언가 자꾸 찢겨나갔던 과거, 확신의 윤곽이 사라진다. 스스로를 비탈로 모는 일. 결핍의 뒤에 숨은 의미. 나이는 점점 잘 설명할 수 없고 나의 뒷모습은 여전히 볼 수가 없다.

고민하다가도 그 고민을 하는 이유에 대해서 생각한다. 우리에게 태어날 망각에 대해서. 그곳으로 동행하자는 약속. 또 다른 이유를 배열하다가 잊어버린다.

내일은 작별이 없는 꿈. 저 멀리 스쳐 간 이야기가 무척이나 보고 싶다.

텅 빈 처음. 상실보다 더 아프다.

150

다시 가보니 없던 것. 번지지 않는 시간. 불가피한 하루가 지나가고 옅은 불안이 아른거렸고 혼자서 딛는 미래는 아무렇게나 놓였다.

끝없이 풀리는 기억 뭉치. 한 올씩 겹겹이 쌓인다. 버리지 못해서 완전할 수 없음을.

지나감은 내게 사랑이다.

지나갈수록 선명해지고 지나갈수록 옅어지기에, 이해의 혈관은 거듭 팽창한다. 애써 발음하지 않은 희망이 서서히 빛나고 있으니 괜찮다.

굳이 전하지 않아도 다 알게 될 테니까.

151

유독 침침한 새벽의 공기. 운 좋게 미래를 깨닫는 날엔 겨울의 그림자를 피해 갈 수 있다.

요즘 긴 글은 읽기가 힘들다. 고통의 요소는 무한하고 마음의 가난은 설명하기 어려워서. 시력이 좋지 않아 이마에 맺힌 비밀은 잘 보이지 않고. 죽음을 말하지 않고 아름다움을 간직하려 해도 계절마다 다른 바람이 불어와 잊어버린 풍경이 더 희미해진다.

시든 꽃은 그 자체로 슬프다. 슬프다는 건 품에 넣어도 바스러진다는 것.

글을 따라 눈이 움직인다. 길어진 호흡. 전하지 못한 위로가 자연스럽다. 쏟아지는 이파리의 형체는 빈틈없이 아프고 굴절된다.

이번에는 미래가 없고 이야기만 남아있다.

152

시절을 담기에 무척이나 허술한 이 계절

사소하게 시간이 흐를수록 믿기 힘들 정도로 잊기가 쉬웠다

자연스레 눈을 마주 보는 것

아무렇게나 쌓아놓은 꿈, 그것과는 별 의지 없이 작별했다

보내는 순서는 중요하지 않았다. 상처가 전부 아물어도 가려웠다. 살고 싶었다.

어느 순간 임계점이 왔다. 나무 사이를 걷다가 그저 나무가 되고 싶었다. 그저 그럴 뿐이었다.

얼굴도 이름도 성별도 없는 나무, 편견 없이 멈춘 그 자리에서 자라고 싶었다.

어떤 영원이 생생하다. 서늘하게 말라가는 잎이 모든 것을 경계하듯이.

그러니까, 함부로 죽지 못했다.

그런 삶도 자연스러워질 수 있을까?

153

희미한 문장이다.

저미는 살갗, 움직일수록 생기는 열. 주머니는 간단히 채워지지 않아서 부동의 결핍을 지켜본다.

쓰라리다. 텍스트의 조각. 쓸어 담아도 담기지 않는 검은 표정.

검붉은 빛을 싣고 쏘다녔다. 사랑이라 부를만한 것.

잃어버리고 지나가도 북적거렸다.

충돌. 살면서 견고해진.

154

잘 알지 못한 채로 숨기기로 한다. 안간힘으로 견디는 것. 순간마다 뒤섞인다.

무너짐을 기록하기 전에 멀리서 온 용기를 읽어내야 해. 시간의 흐름을 따라서 결부되는 얼굴의 기록도 비밀로 전달하려면 말이야.

온전히 나를 묶어 매듭지어 두었다. 천천히 옮겨두던 어떤 잊음. 사라질수록 새롭게 무성히 왜곡되도록.

흐릿하게 쏟아지는 숨. 무언가가 제멋대로 왔다 갔다.

오래도록 감추는 현실은 무덤과 같다. 분명히 우연에 의해서 눈을 뜨고 감았던 것도 같은데. 어김없이 또 다른 바람이 분다.

저번에 읽어봤던 또 다른 용기가 기지개를 켠다.

그렇게 어떤 힘이 늦게나마 작동한다.

155

상처는 고요히 날 리 없다는 말, 한 줌의 최선도 쓸쓸해지고. 품에서 중얼거린다.

진실한 의심은 바닥으로 가라앉는다. 거리를 걷다가도 눈치챌 수 없던 도망. 나의 도망.

좀 편안하게 갈 수는 없을까?

사랑이 비치는 곳으로 단숨에.

붙기만 하는 입술. 괴로움의 궤도를 피해서.

비극으로부터 멀찍이 그리고 취할 수 없는 희망의 곁으로.

이토록 사랑으로 먼지가 내린다. 가라, 앉는다.

156

절차 없이 모아둔 온기가 흩어졌다.

증발하는 곁은 망각조차 달랠 수 없이. 고요하게. 부자연스럽게.

내일 앞에서 서성이는 일이 많아졌다.

물 위에 새긴 사람의 병세가 깊어지자 포기한 발음. 숨을 뒤척이다 살날을 세어본다. 바꿀 수 없는 이름. 머무는 기술은 좀처럼 늘지가 않아서.

이만큼 잃어버렸을까-

157

운명에 순응하는 바다의 주름. 그 안으로 스며들고 싶다.

상처는 규칙적으로 다뤄지고 마치 비극을 사냥하듯 난파된 문장의 뱃머리를 잡고 항해한다.

희생되는 상상. 짧은 추상은 무한하다.

메아리를 지닌 과거가 다정히 주름 위로.

충돌 없이 이 배와 작별하기 위해. 천천히 눈을 감아본다.

내 감은 눈이 아름답기를.

158

무언가 떠나가고, 예정에 없던 상실이 온다.

갑작스러운 찬 온기. 그에 따른 주저함. 강제로 드러난 심장을 다독인다.

삶의 애착.

저 멀리 점이 보여. 이제 먼지처럼 사라질 때야.

애처로이 홀로 품고 서 있다고 해도.

푹 꺼진 의미를 들어 올린다.

수많은 영혼이 지나가며 원래 잃고 있던 것을.

가질 수 없기에 가져본 척. 그렇게 기억한다.

159

부족한 삶의 박동을 무엇으로 채워낼 수 있을까? 한편으로는 일종의 환멸이 느껴진다. 해방되지 않는 문제로부터 젖어가는 얼굴이 부끄럽다.

따라가 보는 쓸모없는 숨.

빛을 쬐어도 받을 수 없음.

따뜻해지는 바닥. 조금 이른 미소를 짓는다. 거기 있는 마음이 새어 나온 거라고.

이번에는 잘 살 수 있을지. 재시작이 없기에 해당하지 않는다고 스스로 되뇌어도 자꾸만 처음으로 되돌아간다. 피격된 기억, 재생되는 이변은 없다.

160

오래된 안부도
가야 할 길도
흐릿하다

호흡은 죽지 않고
기다림을 맹세했던 것

닳고 닳은 뒤척임에도
늘 궁리하던 핑계를
슬그머니 고백해도 좋다

161

여러 차례 들여다본 겨울
반복해 뱉어보는 마른 문장

큰 염려 없이 살고 싶습니다

당신이 알고 있는 겨울을 제게도 알려주세요

안간힘으로
가라앉은 감정에
거듭 말문이 막히고

녹아가는 마음
바닥 가득한 맺음

이제 이 계절의 까슬거림이 더는 아프지 않습니다

162

갈피가 하늘에서 쏟아졌다.

163

있지, 내가 할 수 있을까

닳고 닳은 문장으로 당신에게 격려를 줄 수 있을지

긴 바람이었어

더 진실할 수 없고 가짜일 리 없는 이 심정의 옷깃을 놓아주겠다고

굳이 참지 않아서 더 많아진 기억

접속어가 될게 어떤 명복도 빌 수 있길 바라며

이내 저물어 가기를, 꼭 드물게

164

하루를 애타게 기다리는 것. 이것에 중독되어 간다. 일몰의 목소리. 결말을 내던진 게 분명하다. 멈출 수 없는 시간이 목을 통해 터져 나온다.

침묵에 잠겨 잠들고 싶었던 게 아니라서 그래.

금세 죽어도 좋은 곳으로 발걸음을 옮길게.

아무도 모르는 게 나은 이곳에 나의 하루가 쌓였다.

165

두고 온 마음은 헤아릴 수 있는 게 아니야
너는 그렇게 말했다
밤하늘의 팔다리가 보이는 듯
눈가에 피로가 몰려왔다

이상하다, 표류할 기회는 여러 번 있었어

연속된 마침표가 목구멍 가득 메웠고 그리운 기억이 어느덧 떼로 몰려왔다

글쎄, 그리움의 질량을 느낄 수는 있던 것 같아

숨겨둔 이야기가 밤새 쏟아졌다

마음의 중얼거림이 길어질 거야
잠이 덜 깬 새 한 마리가
양해를 구하듯 머리를 숙이며
주울 수 있는 만큼만 주워 담았다
어떤 울음소리가 들려올 때까지
그렇게 계속 숙여댔다

166

우연으로 쓰이고 싶다.

무뎌지는 발걸음. 쏟아지는 졸음. 흐르는 것. 머물지 않는 보폭.

바닥을 누르는 힘과 종이를 누르는 힘은 별반 다르지 않다. 힘은 어찌저찌 쓰이고 있다. 손과 발이 맞닿는 기록. 대답은 그런 식으로 망가진다.

가벼워지고 싶다.

풀어지는 긴장. 시간은 애써서 유한하지 않은 거라고.

이름의 목소리도 육체의 무게도 누군가와 마주치는 시선도 쉽게 정리할 수 있게. 가늠하기 힘든 심정은 꼭 한 번은 무너지니까.

167

비가 되고 싶었던 게 아닌데, 무언가 쏟아진다.

결심을 매개로 입을 모아보는 것. 답장이 없는 비극. 유일한 물결을 따라.

흐느낌의 흔적마다 이름을 붙여주어야 한다.

슬픔의 자극은 고통이 되다가, 사랑이 머물던 겨울 바다가 되다가.

허공의 빛이 잠시나마 얼굴을 훔쳐 간다.

향이든
그을음이든
망가진 적이 있던
귓가에 가득한 찬비

알 수 없는 파도는 여전히 마음을 이끌고.

가볍게 젖은 눈을 닦아냈다.

168

한밤을 계절이라 적었다

흐르는 창문 밖
살아있음을 적는 편지
그림자로 만든 꽃다발

고요한 권태를 더듬거리며
꼭 먹구름에 뒤덮인 풍경

혼자 헤매다 기꺼이
끝이라 부르던 시작

무언가 될 수 있다며
구원을 입에 덧바르고
간신히 연결한 최소한의 믿음

메마른 실재도, 찬란한 변명도 전부 되돌아왔다

169

매일 악몽을 꾼다. 그래서 이제 더는 악몽이 아니다.

170

어떤 미래가 있을지 헤아려본다.

빛으로 사라진 뒷모습. 하염없이 쫓다 지친다.

주저 없이 추락하는 눈. 손 닿으면 흩어진다. 그때야 마음 하나를 찾고.

눈더미 속 기억
얼어붙은 갈비뼈

이 손 떨림이 멈추면
마지막 입김이 나올 텐데
계속 이야기가 있다면 좋겠어

서서히 녹는 환상 위에서 도망친다.

빙판에 금이 간다. 요약된 삶. 버금가는 영혼.

살아있는 미래를 껴안고 오래도록 울었다.

171

생의 근간에는 결국 환상이 없다

잃어버린 것을 잃어버리니
평화의 기척은 한층 짙어지고

발끝까지
닿은 한숨

우연히 만난 얼굴에 어이없이 위로받고

뒤늦게
속삭인다

조금도 근사하지 않다만, 나는 그것을 사랑한다고

왜 생을 아낄수록 울렁거리는 건지

172

너에게 묻는다

아무 말도 하지 않은 채 혼자
이만큼 쥐고 있다는 걸
알아주면 좋겠어

알아주길 바랄수록
아무것도 하지 못한 채 혼자
곁이 아닌 품을 사랑하고
조용한 마음에 천천히 들어서는 대답

익숙한 건 스며들어 가고
중요한 게 더 있다는 것도
정작 밝히지 못하고
얼마나 많이 견디었을까

사랑이 다 끝난다 해도 모든 계절을 사랑하기를 바라며

고이 잘 묻어두기를

173

시간이 지날수록 옅게 사는 법을 잊어버린다. 아니, 잃어버린다. 사족을 붙이는 입술을 허물고 우중충한 면을 숨긴다. 몸이 아닌 마음속으로 꾹꾹 눌러 담는다. 정확하게 전달하려는 마음도 얼룩진 채 어설프게 단어를 고른다. 갈수록 쉬워지는 침묵. 헤아리기 힘든 낙수의 정체가 불분명하다. 쏟아지긴 쏟아지는데 억지스러운 설명은 늘 운명을 비껴간다. 재사용되는 눈빛 혹은 말투. 쉬이 담아낸 양면의 온도. 진실로 닿아진 비밀이 유독 더 뜨겁다. 나이가 들수록 제한이 많아지는 건 껍데기의 변명일지. 내면에 고루한 진심 탓인지.

시간은 늘 무언가를 가져갔다.

174

더 이상 발음할 수 없을 때 일어나기로 하자

청춘은 편리가 없으니까

175

시는오해를쌓는다
호흡없이매긴순서
명확하지않는약속
눈이멀어도살아내
사람이아닌것에게
훔쳐오는심장파편
잊지않고되돌아와
쏟아내며잠이들고
나란히익숙해지고
믿음없이내밀어본
입술끝맺음저릿함
절대헤어지지않는

이대로 살아도 좋은 시절이다

물결이 되어 흐르는 시간
시계는 멈추고 뒤척인다

두드린 본래의 삶
기어코 자유로운 현실

얼마나 잘 알고 있던가

176

해설 한 줄도 없이 포개진다

다정함의 탄식

누군가는 어렵사리 떠나며

몰래 밟던 미련이 사라진다

되물어보는 기억

그렇게 상처를 잘 말리고 있었다

177

아름다운 문장이 되기를 간절히 바랐다.

서로 그 무엇도 틀리지 않은 채 감동을 주고 그리고 받기를.

삶 자체는 변명이 되어서 침묵을 온전히 믿지 못했다.

사실은 실재한 적 없던 거야.

다르고 다른 사랑을 이유로 별다른 기별 없이.

불행을 미리 예견했어.

178

잠시나마 모든 걸 내려놓고 싶다. 거짓된 마음도 앙상하게 내버려두고 긴 한숨과 붉어지는 눈시울도 차분하게 다 뱉어 보고 쓰는 사람과 쓰이는 사람에서 탈출한다. 늘어놓은 핑계가 외마디로 압축될 때 사람은 냉정해진다. 소란이 익숙해지고 보폭이 나뒹군다. 나 이외의 다른 이들은 희망을 어떻게 생각하고 있을까? 천천히 무거워지도록 몸에 힘을 빼둔다. 어디로 빼앗긴 게 아니라 뇌 어딘가에 모아둔다. 여러 번, 더 여러 번. 심장은 더 크게 울린다. 다정치 못한 숨이 나를 설명한다. 일순간에 피어나고 터지듯 살아간다는 압박이 호흡을 타고 들어오고 나간다. 언제고 내게 머무르던 희소식이 간절하다. 스스로 엄격히 돌봐야 한다. 안정된 척 가벼이 나를 속이고 태연하게 사라지니까.

점 하나가 사라졌을 뿐인데 우리는 이토록 외로워질 수 있다. 그래, 그렇게 조금 알기로 하자.

179

우리가 사는 방은 빛으로 가득할 거야

밖은 아무도 모르는 바다가 있고

조각난 계절이 모두 흘러갔으니

구름을 뚫고 들어서는 햇살

엉킨 삶이 한꺼번에 달아나도록

더는 마음이 새지 않기로 하자

너의 아름다운 중얼거림을 담아

사랑의 온기를 나눌 수 있길

180

이미 옮겨진 슬픔은 더는 어디로 가나

흐린 네가 되돌아올 때면 부디 남김없이 따스하기를

181

가끔 꿈에서 죽는다

생사를 벼르는 것
부르튼 진심의 형상

돌아갈 곳이 없는 바닥
삶 자체로 흔들린다

안녕을 말하는 모서리
우연으로 다가온다

천천히 한올씩 짜둔 것

꿈처럼 죽음처럼 해체할 수 밖에

점유된 온기가 침대에 머물고 있다

182

시간이 지나도 묵묵히 옆에 머물지 않는 것
그런데도 곁에 두기로 마음먹는 것

예전부터 지금까지도 사랑은 언제나 잔향인 것을

183

소중한 걸 감춰도 아직 잃을 게 많아서
온전하지 못한 것을 쥐고 새하얀 의미를 두드린다
언젠가 고스란히 사라질 것을 밟으며 말없이 걸었다

184

실은 일부러 떼지 않았습니다

되돌아갈 땐
발이 아름답게 비틀거린다

기꺼이 기억으로
믿음을 지어 두고

결국 혼자 밤에는
작별하게 된다고

입술이 열리지 않는 저편으로
그냥 밀려 나가고만 싶습니다

185

우리 야위어갑니다. 당신에게 가려는 마음의 소실. 고통을 동반한 미안함이 무척이나 버겁습니다. 사방으로 오는 불안에 뒤로 숨어도 금세 들키고 맙니다. 우리 함께한 시간을 미워할 수나 있을까요. 그리고 미화할 수가 있을까요. 있는 그대로 바닥에 떨어집니다. 알려고 할수록 더 모르겠는 이 아득함이 어찌 이토록 잔인한 최선이 되는지. 사랑이 없는 사랑은 텅 빈 구원이라, 그런 조각난 세월에 같이 몸을 담았던 걸까요? 당신 안에 오롯이 있고만 싶었습니다. 닮아진 눈을 보는 것만으로도 넘쳐흘렀으니까요. 애써 비극을 고백하는 것만으로 다시 또 야위어갑니다.

186

마음은 애를 쓰고 있다

현실을 말하지만, 속으로 꿈을 꾼다. 눈에 보이는 출구는 외면한 채 바깥쪽으로 쓸어 넘기는 기억. 눈치를 본다만 눈치를 본 게 아니다. 손상된 거짓말이 눈 안에 굴러다닌다.

특별한 것은 왜 오래가지 못할까? 시간은 폐기할 수 없다. 포개질수록 삭히는 것. 묶어둘수록 초라해진다. 이에 생기는 진심에 의존하게 된다. 현실은 새어나간다. 잠깐 애를 쓰다 사라진다.

더 특별해진다.

187

맥박이 느려진 것 같은 착각이 든다
이건 일종의 이별과 닮아있다

수많은 이별은 잘 간수되고 있는가?

너절한 희생을 할 때면 스스로를 속이고
누군가를 기다릴 때면 그 기다림을 믿는다

쓸쓸히 마모된 안정
망각으로 멍이 든다

미뤄둔 약속을 한 알 먹는다
가득히 버려진 경험을 어쩔 수 있을까

188

곁가지 하나. 반짝일 가능성이 넘치는 기분 하나. 오롯이 무너지는 공간 하나.

소중한 게 넘칠수록 견고해지는 거야.

잃어버릴지 걱정하지 말고.

쏟아지는 빛을 담아 정리하자.

너에게 닿는 건 모두 머무는 빛이 되니까.

가지에 피는 꽃이 되어. 언제고 별을 마주할 밤이 온다고. 무너지며 채워지는 공간 하나.

189

관계의 전원이 꺼지는 건 그리 큰일이 아니야. 우연히 네 주변에 생기는 일. 그건 무척이나 괴롭고 어찌 보면 당연한 일이야. 너는 살아있으니까.

새로운 관계에 대한 일말의 기대감도 생기지 않겠지. 굳이 없어도 괜찮아.

시간이 지나도 터지지 않는 거품처럼 네 곁에 모여서 하나 둘 머무르겠지.

너는 상처받기 싫어서 머뭇거린 거야. 관계의 끝도 시작도. 모든 시간의 구성 속에서.

네 마음을 지키며 다른 사람의 마음도 지킬 수 있기로 하자. 누군가가 너를 잠시나마 믿어주던 그 시간은 이따금 네가 힘들 때 켜질 테니까.

190

그리고 그저 사랑해준다면 좋겠습니다

191

흘려보는 혼자만의 저녁. 미끄러지며 스스로 절망과 부딪힌다. 언어의 실추. 밟아둔 기척 사이로 여러 번 피어나는 고요.

다른 사람의 삶에 안간힘으로 닿아보고 싶었다.

그치지 않는 비. 그런 건 없으니까. 신발을 갈아 신고 목숨을 쓰러 가야지. 오히려 더 축축한 흔적. 지금의 나를 다 버리고 떠날 수 있게. 천천히 함부로 시력에 속을 수 있기를.

빗소리 영상을 끄고 눈을 감았다.

192

알아차릴 수 있는 어스름. 난 그게 좋아.

너는 침묵할 때. 너의 곁은 말하고-

아무리 아팠다 한들, 덮어준 슬픔을 이야기하지 않을 수 없으니까.

193

안녕을 말하고 싶은데, 우리가 아는 안녕은 많이 다른 것 같다.

194

우연히 거창해지기로 했어. 그 우연은 찾아오지 않고. 곁으로 피어나는 빛의 몽타주.

창문을 열고 커튼을 치면 느껴지는 바람의 인기척. 나와 한 몸이 되어버린 이야기를 방생하려고.

안과 밖의 차이를 되뇌는 버릇.

소중한 통증. 매일 밤 허물고 다시 세워지는 꿈속. 그곳에서는 아무리 맞아도 아프지 않으니까.

현관문 앞 대답이 가득하다. 오래된 영혼을 손상 없이 받아 볼 수는 없을까?

안과 밖의 차이를 모르고 싶다.

195

눈 깜짝할 사이에 벌써 계절이 바뀐다. 어떤 추억도 남기지 않으면 금세 휘발되고 이상한 감정만 켜켜이 쌓여간다. 사람은 상처를 주고 상처를 받고 끝내 무엇도 해결되지 않은 채 어떤 공간을 짓는다. 비명 없이 앓는 소리만 가득한 자신만의 공간. 잘게 부서진 저녁을 지나 말문을 닫아도 전혀 이상하지 않은 밤이 온다. 살아간다는 증명이 훼손될 때면 희망을 묻는 시절을 돌아본다. 정답이 없음을 믿고 거짓에 가까운 희미한 안녕을 꿈꾼다. 눈을 감으면 다시 또 계절이 바뀌도록.

내 품은 너무도 작아서 한 사람도 벅차다. 스스로 소홀할 기회를 주고 좋음을 그리워할 시간을 두어야 한다. 그러므로 평생 손바닥으로 건넨다. 가장 가까우면서 가장 멀리 있길. 소망을 한 손으로 할 수는 없으니까.

그러니까. 계절을 배웅하던, 그랬던 이야기해 주고 싶어. 너를 위해서.

196

잘 알지 못한 채로 숨기기로 한다. 안간힘으로 견디는 것. 순간마다 뒤섞인다.

무너짐을 기록하기 전에 멀리서 온 용기를 읽어내야 해. 시간의 흐름을 따라서 결부되는 얼굴의 기록도 비밀로 전달하려면 말이야.

온전히 나를 묶어 매듭지어 두었다. 천천히 옮겨두던 어떤 잊음. 사라질수록 새롭게 무성히 왜곡되도록.

흐릿하게 쏟아지는 숨. 무언가가 제멋대로 왔다 갔다.

오래도록 감추는 현실은 무덤과 같다. 분명히 우연에 의해서 눈을 뜨고 감았던 것도 같은데. 어김없이 또 다른 바람이 분다.

저번에 읽어봤던 또 다른 용기가 기지개를 켠다.

그렇게 어떤 힘이 늦게나마 작동한다.

197

어떤 시작도 없이 계절이 오고. 아래로 떨어지는 미래의 후회. 허락된 저 바닥까지만.

슬픔처럼 보이는 하얀 연기. 무턱대고 날려본다.

이름 없는 어느 햇볕을 쬐면서. 마른 계절이 되던.

그저 가지에 매달리고 싶었다.

198

서투르게 담아둔 기억을 주워본다. 누군가 슬프게 웃고 있다. 혼자서 병든 사람처럼. 손처럼 선도 겹쳐볼 수는 없을까? 같은 뉘앙스로 기분이 상한다. 손을 흔들고 기억의 끈을 매듭짓는다. 함께 부스럭거려본 과거가 다 쓴 게 아니야. 날씨를 빙자해 이유를 창문에 달아본다.

너는 비가 오면 이상해지고 나는 해가 뜨면 이상해졌어. 이상함이 귀에 들릴 때까지 일부러 침묵했고 물을 한 움큼 더 먹었다. 네가 내민 기억은 아직도 내게 곤란함을 주는구나. 이상한 것도 나름이지. 나는 힘이 점점 약해졌다. 소리 없이 서서히.

창문을 열고 유리를 본다. 유리는 투명한 게 아니라 흐린 거야. 눈동자가 닿아도 소리 없이 흐리게 만들어주니까. 기억이 흐물거릴 때까지 열고, 닫고. 가끔 헛손질할 때마다 유독 비밀이 많아진다. 기울어져도 소리는 흘러나오지 않더라고.

유리창을 디딘 물방울이 어딘가 이상했다.

199

깨진 얼굴을 골라 모아서 마지막처럼 사랑하는 것만 남았어. 출구 없는 끝이 갈 곳을 찾는다. 다녀간 사람마다 흔적이 다른 곳.

한동안 아무도 모르게 미루고 있었다. 아마 다시 돌아오기로 했지. 창문을 찾지 못해서 저녁을 거두고 나는. 그치지 않는 한숨을 따라.

낭만을 털어놓으니, 희망이 만들어진다. 버림받은 타인의 고통을 오물거리며 두 번은 알려주지 않는다고.

함부로 늑장을 부렸어. 어느 얼굴에도 베이고 싶지 않아서 말이야.

저마다 온 손님을 맞바꾸려고. 더 오래된 문턱 위로. 가능하다면 더 일찍.

꼭 그런 날, 마지막은 도망가고 말았다.

200

이렇게나 부족하다. 아낄수록 부족하다.

서사를 고치고 두드린 영혼. 약속하자. 쉬이 넘기지 않기로.

아이를 담는 눈을 잊지 않도록. 비틀린 손으로 올린 기도.

바닥을 쪼개어 받은 사랑을 툭툭 털어보고.

공들여 살아보자.

무더기로 받은 위로에 리듬을 달아서.

아낄수록 부족한 우리.

부디 기억하자.

201

슬픔은 조회할 수 없으니까.

가엾은 어떤 삶을 다독여 줄 수 있는 목소리가 있다면 좋겠다.

날씨가 작품이 되고 시선이 시원한 바람이 되며 죽지 않는 이상한 나무처럼.

아마도 움켜쥔 엉망이라. 우울의 원료는 해방된 신경에서 온다.

환한 울음은 모두에게 있고 긴 걱정의 여백을 메꿔주니까.

때때로 그냥 있자. 감정은 늘 분위기를 흡수할 테니까.

기분에 따라 되풀이 되자. 위로를 거두고. 쓸쓸히 필요적으로.

더 나은 슬픔이 기다리기라도 하듯. 그렇게.

202

어김없이 어수선해. 사람은 지나치게 구멍이 많고. 투명하게 흐르는 여백을 감추다가 분위기가 물결친다. 어느 그림자가 그것으로 가득 차 있어.

무한히 티 내는 숨
한 마디 빛이 새어 나와
그걸로 문장을 만들다가
이내 포개진 네가 보일 때
그다음도 살아내고 싶어져

만약 쏟아지는 게 익숙한 밤이었다면. 흐르던 공기를 깨뜨릴 수만 있었다면. 그림자를 보고 사랑에 빠졌다면. 어김없이 똑같이.

구부러진 시선을 스스로 피기 시작했다

203

눈물을 부르는 듯했어. 그 자리가 눈시울처럼 너무 뜨거워져서 그대로 도망가고 싶었지. 관계가 허물어진 것도, 다시 쌓이는 것도 없이. 기어이 타들어 가는 아름다운 무늬의 매캐한 연기를 맡으면서. 버텨야 해. 되뇌다 밤이 되었어. 밤이 되면 유독 떨리는 거 있지. 네가 그 자리에 있어도 없는 것 같고 그 자리는 여러 차례 네 자리인걸. 어쩐지 귓속말하고 싶어. 가만히 들여다볼수록 그저 장식으로만 보이는 눈물. 그제야 도망가도 되는 걸 알았어. 얼음과 눈이 따로 녹듯 그 공간과 나는 서로 다르게 녹으니까. 시리게 가라앉고 있어. 그만큼 제대로 녹자고 약속한 것을. 이를테면 진동 없는 밤이 오도록 말이야.

204

질문을 켠 사람은 기억하고 있을까?

질문을 다루는 사람은 어떻게 슬퍼했을까?

물결의 주인은 누구인지, 그 사이로 무사히 숨어드는 안부.

각자의 계절을 다듬었다. 더는 걸을 자신이 없는데 수면 위를 걷는 일만 남았어. 나의 일처럼 보이는 너의 일. 가까스로 꺼두는 일. 가깝게 멀어지는 시간을 잘 다독여 볼게. 슬픈 눈은 무척이나 가볍고 대체로 소유할 수 없으니까.

내가 아는 시간은 무척이나 투명해. 불행 따위가 담기면 무엇도 못하는 곳.

대답으로 어두워진 어떤 방이 있다.

어떤 시선과 곁으로 대답은 매일 건너왔다.

205

안쓰러운 평온이 네게 있다. 아프지 말자. 행복해지자. 다 잘될 거야. 희망을 말하는 네 목소리는 제각기 엎질러져 있다. 살아야 할 이유가 언제는 또 있었나. 죽지 마라. 내가 먼저 죽을 테니. 우리는 손을 잡고 과거로 간다. 별 탈 없이 힘들기만 하던 그 때로.

하지만 이제 지켜야 할 고통이 있다. 의미를 찾지 않아도 직면한 것들. 쏜살같이 지나가는 불친절한 시간 뒤로. 각자의 행복이. 늙어버린 행복이. 무해한 미소로 웃고 있다.

206

이 밤은 무언가 빠져있다. 나서지 않던 슬픈 몫. 아주 잠깐 빛나던 진실을 버리고. 애써 견디던 세월의 가닥을 세어본다. 어느 개인의 슬픔은 사랑과 엮여 있다. 번져가는 하루가 평생 기적이길 바라는 일. 구석마다 영혼이 완연하다. 어느 곳으로 가다가 멈춰있니. 오래된 소문을 듣고 온 거니.

가능성을 품에 두고 옷을 갈아입는다. 조금이라도 새어나가지 못하게 조심스럽게. 예기치 못한 밤도 하나씩 풀어가면서. 이 낯빛은 한없이 불완전할 테니.

누군가 허물을 걷어 무어라 부르든 상관없었다.

207

괜찮아, 다 잘될 거라는 말은 더는 위로가 되지 않지

낯선 기분이 들어서
익숙한 기억을 하나둘 세어보고
이름을 되뇌어 보고

툭 내뱉은 말들, 그것들은 그 자리에서 잘 지내고 있을지

하루가 이틀이 되어 간다는 건 뉘우치느라 그런 거야

오랫동안 슬퍼할 자격이 있고
눈부신 마음을 챙겨야 할 이유가 있고

더는 네가 그저 아프지 않았으면 해

208

작아지거나 사라질 이야기밖에 남지 않았다. 새로운 이야기가 한 줌이 되어도 이어지기를 바라고 또 바란다. 점처럼 작게 고요한 것. 몸속에 고이 남은 당부를 뭉쳐본다.

가라앉기만 하는 그림자. 몸을 드러내 옮겨두는 일. 가능한 한 버티다 깨끗이 지우는 이미지. 이미 두 발로 넓이를 바꾼 지가 오래되었는데.

천천히 무질서하게 풀어지는 진실.

그저 지켜보는 사랑, 일렁거린다.

이야기는 없고 사랑만 남았네

박운ⓒ

초판 인쇄 2024년 10월 20일

초판 발행 2024년 10월 23일

지은이 **박운**

제작 **박운**

편집 **박운**

디자인 **박운**

펴낸곳 **운 출판사**

출판등록 2020년 2월 7일 제2020-04호

인스타그램 **a_byproduct**

개인 인스타그램 **crepuscular.ray**

ISBN 979-11-969713-3-5

* 이 책의 판권은 지은이에게 있습니다. 이 책의 내용의 전부 또는 일부를 재사용할 때 반드시 지은이의 동의를 받아야 합니다.